이용희 지음

내 손을
가르쳐
싸우게
하시며

시 144:1

복의근원
FOUNT of BLESSING

목차

머리말

제1장
나를 지으신 이가 하나님, 나를 부르신 이가 하나님

새벽과 밤, 예배당에서 간절히 기도하시던 외할머니의 뒷모습	•14
영적 권위에 온전히 순종하셨던 어머니	•20
큰형의 죽음, 강원도 삼옥에서 의료전도 중 소천	•26
하나의 밀알 되어 예배당이 세워지고...	•32
방황하던 스무살, "구원의 확신 있는 사람 손 들어보세요!"	•38
"그래, 인생은 원래 내 것이 아니고 주님 것이었어."	•44
"헌신은 제가 했지만, 이루실 분은 주님이십니다."	•50
1년 이상 선교사로 나갈 사람은 일어나십시오!	•56

제2장
내 손을 가르쳐 싸우게 하시니

불쑥 "군종병을 하고 싶습니다."	• 64
사고 나면 부대장 책임이 아니라 군종병 책임	• 70
백골부대 온 것을 하나님께 감사하는 신병	• 76
"대대군종 너 미쳤어? 최전방 군인들 금식시켜?"	• 82
제대 한달 전 교회 건축 시작, 제대 후 다시 부대로 복귀	• 88
"그러면 삼성전자에서 근무할 수 없습니다."	• 94
이상하다. 면접 때는 영어를 참 잘했는데…	• 100
"네가 나한테 헌신했냐, 내가 너한테 헌신했냐?"	• 106
나도 부족한데 한국교회 위해 기도할 수 있을까?	• 112
"사랑하면 힘들지 않습니다"	• 118
누가 굶어 죽는 북한 동포들의 이웃이 되겠느냐?	• 124
그렇게 여러 날 북한 동포들을 위해 울었다.	• 130
UNDP 그만두고 '이대 다락방' 총무직 맡고 보니…	• 136
새 술은 새 부대에, 대학생 모임 부흥	• 142

목차

제3장
내가 여기 있나이다 나를 보내소서

"한국교회가 유럽에 선교사를 파송해 주십시오!"	• 150
태어나서부터 밀린 십일조 몰아서 내기	• 156
종일종야 24시 기도의 부르심과 일치된 순종	• 164
7000 에스더 단식 국가기도성회	• 170
악한 자의 입으로 말미암아 무너지느니라 잠11:11	• 176
2007년 시작된 영적전쟁, 차별금지법 반대	• 182
빛과 소금이 된다는 것은...	• 188
광우병 사태 중, 광장에서 드린 6번의 철야기도회	• 194
어머니 묘소에 올린 꽃과 군형법 92조 합헌 뉴스	• 200
'교회와 국가 무너뜨리는 나꼼수'	• 208
그리스도 예수의 좋은 병사, 지저스아미(JESUS ARMY)	• 214

머리말

국민일보로부터 제가 살아온 삶에 대해 연재글을 써보는게 어떻겠냐는 제안을 받았습니다. 그렇게 시작된 저의 간증문은 2015년 8월 17일부터 10월 2일까지 총 33회에 걸쳐 국민일보에 '역경의 열매'로 실리게 되었습니다. 이 33회의 간증글에 대해 여러 차례 출판에 대한 제의가 있었지만 선뜻 출판하지 못했습니다. 저 개인의 간증이어서 조심스러웠습니다. 그러다가 1919년 3.1운동에 이어서 건국의 토대가 되었던 미국 필라델피아의 제1차 한국독립대회를 다룬 <1919 필라델피아> 음악극에 그동안 동역했던 많은 분들을 초청하면서 이 글들을 출판하기로 결정했습니다. '거룩한 대한민국, 복음통일, 통일선교한국'을 이루기 위해 역경 속에서 동고동락했던 많은 분들에게 이 간증을 나누기로 했습니다.

이 글들은 저의 출생부터 2015년까지의 삶을 돌아보며 주님이 주셨던 귀한 은혜들을 정리한 것입니다. 연재됐던 글들을 다시 읽으며, 주님의 크고 놀라운 사랑을 다 표현하지 못한 저의 부족함과 연약함을 절감했습니다. 또한 이 책을 통해 주님은 티끌 같고 미약한 저를 통해서도 당신의 귀한 뜻을 펼쳐나가시는 위대하고 존귀하신 분이심을 고백합니다.

모태신앙이었던 저는 대학교 2학년 때 예수님을 만났고 그후 여름방학, 겨울방학마다 농촌 전도에 전념했습니다. 여름, 겨울로 계속 전도 다니는 평신도 자비량 전도인이 되기 위해서 대학교수를 꿈꿨고, 주님은 이 꿈을 이루어주셨습니다.

그런데 2007년 1월 에스더기도운동을 시작하면서 저는 한 번도 꿈꾸지 않았고 생각지도 못했던 길을 가고 있습니다.

동성애 차별금지법을 막는 일에 밤낮없이 뛰어다녔고, 탈북자 강제북송 반대와 북한구원 복음통일을 위하여 기자회견도 하고, 국회에서 세미나도 하고, 광장에서 매주 모여 기도했습니다. 그러다가 최근에는 '낙태반대 태아생명 살리기운동(Love Life 생명운동)'을 하고 있습니다. 또 이 모든 일들을 감당하기 위해, 그리고 북한, 이슬람권, 이스라엘 선교를 위해 에스더기도운동 본부에서 유튜브 생방송으로 365일 매일철야기도회를 진행하고 있습니다.

제가 매일 철야기도를 하게 되리라고는 한 번도 생각해본 적이 없습니다. 젊어서 전도인으로 살아가길 소망했지만 지금은 철야기도자로 살아가고 있습니다. 제가 원했던 것도 아니고 계획한 것도 아니었지만 지금은 감사함으로 매일철야기도를 하고 있습니다. 이후 주님께서 저를 어떻게 인도하실지는 주님만 아십니다.

이 책이 나올 수 있도록 오늘까지 저를 길러주시고 축복해주신 천국에 계신 부모님과 사랑하는 가족들, 저를 지도해주신 영적인 스승님들, 그리고 이 시간에도 함께 '거룩한 대한민국, 복음통일'을 추구하는 에스더기도운동 스탭들과 동지들께 존경과 사랑과 감사를 드리며,

이 책을

'생명을 드려 저를 구원하신 예수님'께 올려드립니다.

제1장

나를 지으신 이가 하나님,

나를 부르신 이가 하나님

나를 지으신 이가 하나님
나를 부르신 이가 하나님
나를 보내신 이도 하나님
나의 나 된 것은
다 하나님 은혜라
나를 붙드시는 하나님의 은혜

<하나님의 은혜> 中

새벽과 밤,
예배당에서 간절히 기도하시던
외할머니의 뒷모습

독실한 어머니, 어려서 성경 들려주고
산상수훈 등 외우면 용돈 주시며 칭찬

1958년 12월 28일, 서울 서대문구 북아현동.

나는 5남매 중 막내로 태어났다. 아버지가 은행에 근무하셨기 때문에 경제적으로 큰 어려움 없이 어린 시절을 보냈다. 어머니는 독실한 기독교인이었다. 결혼 전부터 예수님을 믿었으며, 2010년 하나님의 부르심을 받는 그날까지 평생을 새벽기도자로 사셨다. 반면 아버지는 어머니와 결혼하기 위해 교회에 나가셨다. 1940년대 말, 아버지가 결혼을 위해 외갓집을 찾아가셨다.

"따님을 저에게 주시면 평생 행복하게 보살피겠습니다."
"예수를 믿어야 내 딸을 줄 수 있네."
"교회 말입니까…. 예, 알겠습니다. 그렇게 하겠습니다."

약속대로 아버지는 그때부터 교회에 출석하셨다. 당시 아직 신앙도 없으셨던 아버지는 종갓집 장손이었음에도 불구하고, 교회에 출석하면서 제사를 드리지 않겠다고 선언하셨다. 어머니의 전도로 친가에 복음이 들어왔고 지금은 대부분의 친척들이 예수를 믿는다.

결혼 초 아버지는 억지로 교회에 다니셨다. 어머니는 주일마다 아버지에게 교회 출석을 재촉하느라 무척 힘들어 하셨다. 그런데 1979년 아버지가 장로가 되신 후에는 상황이 역전됐다. 아버지는 주일 예배 때마다 어머니가 늦지 않도록 재촉하셨다. 아버지는 집사 때까지도 술, 담배를 하셨다. 중간에 술은 끊으셨지만 장로 피택 후 장로고시를 준비할 때까지도 담배를 끊지 못하셨다. 한 번은 장로고시를 준비하면서 스트레스를 많이 받으셨는지 조용히 나를 부르셨다. "용희야, 가서 담배 좀 사오너라. 교회 시험이 이렇게 어려운 줄 몰랐다."

그런데 1970년대 말 아버지가 장로 임직을 받은 후부터 주님이 은혜를 주셔서 담배를 완전히 끊으셨다.

우리 집안의 신앙적 뿌리는 충북 영동 외갓집으로 거슬러 올라간다. 외할아버지가 일찍 돌아가셨기 때문에 외할머니는 청상과부로 5남매를 힘들게 키우셨다. 셋째 딸이었던 어머니가 처녀 때 중병에 걸렸는데 아무리 노력해도 차도가 없었다. 그런데 집 옆에 있던 구세군교회에서 교인들이 외할머니를 전도하기 시작했다. 외할머니는 어머니를 위해 좋다는 약도 써보고 절에도 가보고 무당굿도 했다. 아무런 효험이 없던 차에 예수를 민으면 셋째 딸이 나을 수 있다는 말에 선뜻 응하셨다. "셋째 딸만 살려주신다면 즉시 예수님을 믿겠습니다."

이날부터 구세군 교인들이 매일같이 찾아와서 가정예배를 드렸다. 하나님의 기적이 일어났고 어머니는 깨끗하게 나으셨다. 어머니가 치유되자, 외할머니는 셋째 딸을 데리고 이튿날부터 매일 구세군교회로 새벽기도를 다니셨다.

이렇게 시작된 외할머니의 새벽기도는 1981년 돌아가실 때까지 약 40년간 계속됐다. 기도는 갈수록 깊어졌고 새벽기도뿐 아니라 저녁식사 후에도 매일 교회에 가서서 밤늦도록 자주색 방석을 깔고 앉아 교회 마룻바닥을 눈물로 적셨다. 결혼한 자녀와 배우자, 그리고 슬하에 23명의 손주들의 이름을 부르면서 간절히 기도하셨고, 후에는 증손주들 이름까지 부르면서 기도하셨다.

여름방학과 겨울방학 때 외할머니댁에 놀러 가면 외할머니는 늘 새벽과 밤에 교회로 향하셨다. 외할머니가 밤늦도록 집에 안 오시면 내가 교회에 가서 외할머니를 직접 모시고 왔던 기억도 난다. 지금도 예배당에서 간절히 기도하시던 외할머니의 뒷모습이 눈에 아른거린다.

외할머니 밑에서 신앙생활을 하신 어머니는 굳건한 믿음의 소유자였다. 나는 어렸을 때부터 일반 동화 대신 성경 동화를 들으며 자랐다. 어머니의 무릎에서 신·구약 성경 이야기를 들으며 믿음을 키웠다. 어머니는 산상수훈, 사랑장(고전 13장), 시편 1편 등을 외우게 하셨고, 다 외우면 상으로 용돈을 주셨다. 부흥회나 신앙집회가 있으면 늘 나를 데리고 다니셨다. 주일 아침마다 헌금을 주셨는데 늘 빳빳한 새 돈을 쥐어 주셨다.

1962년 충북 영동에서 필자의 외할머니인 김성녀 권사(앞줄 오른쪽 세 번째)의 환갑잔치 후 촬영한 가족 기념 사진. 기도의 모범을 보여주신 외할머니가 필자를 안고 있다.

영적 권위에
온전히 순종하셨던 어머니

독실한 어머니, 어려서 성경 들려주고
산상수훈 등 외우면 용돈 주시며 격려

1960년대 중반, 교회의 주일학교는 오전 9시에 주일예배를 드리고, 점심식사 후 오후 3시쯤 어린이들을 위한 오후 집회를 열었다. 나는 집에서 걸어서 10분 거리에 있던 서울 신촌 대현교회에 출석했다.

오전 주일학교 예배와 달리 오후 집회에는 어린이들이 많이 모이지 않았다. 그러나 어머니는 오후에도 나를 꼭 교회로 보내셨다. 당시 선풍적 인기를 끌던 만화영화 '황금박쥐'가 흑백TV에서 나오던 때였다. 주일 오후 만화도 못 보고 억지로 교회에 가는 게 어린 나이에 무척이나 억울했다. 울면서 오후 집회에 간 적도 있다. "내 인생 참 불행하다. 황금박쥐도 못 보고 교회에 나가야 한다니…." 이렇게 투덜대곤 했다. 가족 중에 주일성수 문제로 어머니를 이길 수 있는 사람은 아무도 없었다. 그래서인지 아파서 학교에 결석하고 직장을 결근하더라도 주일예배는 빠진 적이 없다. 어머니가 보여주신 신앙교육의 열매다.

새벽기도를 매일 다니셨던 어머니는 5남매가 입학시험을 볼 때마다, 집안에 중요한 일이 생길 때마다 금식기도를 하셨다. 내가 유학 중에 급한 일이나 중요한 일이 생기면 전화해서 "어머니, 기도해주세요" 라고 말하면 어머니는 꼭 금식기도를 하셨다. 고모가 우리 5남매에게 이런 말씀을 하신 적도 있다. "너희 5남매가 입시에 실패하는 것을 거의 못 봤다. 너희 어머니가 믿는 하나님이 기도를 들어주시는 것을 보면서 나도 교회에 나가게 됐다."

한 번은 이런 일도 있었다.

어릴 때 살던 집에 우물이 있었는데 두레박질을 하다가 그만 줄을 놓치고 말았다. 아무리 해도 두레박을 건질 방법이 없었다. 어쩔 줄 몰라 발을 동동 구르는데 어머니가 지나가다 보시고 우리 앞에서 기도를 하시는 것이었다. "하나님! 저 두레박을 건져주십시오." 그리고 어머니는 끈에 묶인 갈고리를 내리셨는데 한 번에 두레박을 건져내셨다. 조금 전까지 아무리 해도 안 나오던 두레박이었다. 어린 나이에 '아, 하나님은 살아계시고 기도하면 응답해 주시는 분이구나' 하고 생각했다. 이런 어머니의 기도 응답들이 내 기억에 수두룩하다.

나는 자연스럽게 어머니로부터 중요한 영적 원리를 배웠다. 방학 때 충북 영동 외가에 놀러 갈 때면 어머니는 외할머니께

좋은 것을 싸서 보내셨다. 그러면 외할머니는 그중에서 제일 좋은 것을 골라 교회 목사님께 보내셨는데, 그때마다 나에게 심부름을 시키셨다. 방학을 마치고 다시 집으로 돌아올 때면 외할머니가 음식을 싸 주셨다. 그것을 받은 어머니는 그중에서 제일 좋은 것을 떼어 담임목사님께 보내셨다. 그때도 막내인 나에게 심부름을 시키셨다. 집을 깨끗하게 청소하고 좋은 음식을 준비하는 날은 어김없이 목사님이 심방을 오셨다. 유년시절부터 영적 권위를 지닌 목회자를 전심으로 섬기는 것이 무엇인지 어머니는 말이 아닌 삶으로 가르쳐 주셨다.

아버지는 장로셨고, 큰형도 훗날 같은 교회 장로가 됐다. 그런데 교회 문제로 의견이 엇갈리면 어머니는 남편이나 아들 편을 들지 않고 담임목사님을 지지하셨다. 어머니는 늘 '목회자의 결정이 성경에 명백히 어긋나지 않는 한 권위에 철저히 순종해야 한다'고 말씀하셨다. 그런 어머니를 통해 영적 지도자에 대한 순종, 존중의 태도를 배웠다. 하지만 가정사에 있어서는 중요한 결정을 할 때 어머니는 자신이 하지 않고 아버지가 결정하시도록 배려하셨다. 그래서 우리 5남매는 '남편에 대한 복종이 이런 것이구나'라는 것을 자연스럽게 배웠다. 중요한 결정을 할 때마다 어머니는 반드시 기도를 하셨고 결정은 아버지가 하시도록 했다. 어렸을 때는 잘 몰랐는데 이제 돌이켜보니 어머니는 성경에서 말하는 영적 권위에 철저히 순종하는 삶을 몸소 보여주셨다.

초등학교 4학년 때인 1968년 대전시 유성의 한 냇가에서 어머니, 셋째 형과 함께 즐거운 시간을 보내고 있다.

큰형의 죽음,
강원도 삼옥에서
의료전도 중 소천

가족들 아픔 속에서도 통곡 대신 기도…
부모님, 평안 가운데 흐트러지지 않아

1960년대 우리 집에는 친할머니와 부모님, 5남매가 함께 살았다. 거기에 시골에 계신 친척들이 무작정 상경하면 집에서 몇 년씩 머무르는 분들도 있었다. 그래서 늘 10명 정도가 함께 살았다.

1965년, 서울 북아현동에 있는 추계초등학교에 입학했다. 아버지는 내가 초등학교에 입학한 지 얼마 안돼 강원도 장성 조흥은행 지점으로 발령을 받으셨다. 부모님은 장성의 사택으로 입주하셨고 우리 5남매는 학교 때문에 서울에 남았다. 그래서 초등학교 1학년 때부터 부모님과 떨어져 생활했다. 추계초등학교는 사립학교였기 때문에 부유한 집안의 아이들이 많았다. 당연히 부모들이 자녀의 학교생활을 세심하게 살폈다. 반면 나는 학교 준비물도 챙겨가지 못할 때가 많았고 열등한 학생으로 간주되기도 했다. 이런 이유로 학교에선 말을 하지 않았고 내성적인 성격이 됐다. 집에 가도 부모님이 안 계시니 방과후 학교 도서실에 남아 늦게까지 책을 읽었다.

한 번은 학교에서 동화경연대회를 했는데 2등을 했다. 그 후로 친구들에게 동화를 자주 들려주면서 성격도 바뀌었다. 훗날 선교활동을 하면서 말씀을 전하는 데 있어 그때부터 쌓은 경험이 많은 도움이 됐다.

1971년, 경성중학교에 입학했다. 3년 내내 학급에서 대의원을 맡으며 학생 활동에 적극 참여했다. 교회에선 중등부 회장으로 학생회 활동에 열심을 냈다. 교회 아이들과 '등대'라는 회지를 발간했고 '문학의 밤' 행사도 개최했다. 성탄절 이브에는 밤새 모임을 갖고 새벽송을 돌았다.

1973년, 중학교 3학년 여름방학 때 큰 사건이 일어났다.

"용희야, 큰형이 죽었다."

"예? 큰형이 죽었다고요?"

가슴이 덜컥 내려앉았고 머리가 하얘졌다. 5남매 중 장남이며 종갓집 장손인 큰형은 고려대 의과대학 재학 중 농촌전도와 의료선교를 갔다가 강원도 영월군 삼옥리에서 불의의 사고를 당한 것이다. 당시 큰형은 CMSA(기독의대생회)에서 전도부장으로 활동하며 누구보다 열심히 농촌전도와 무의촌 봉사에 헌신했다. 큰형에 대한 부모님의 사랑과 기대는 각별했다. 큰형은 성품이 온유하고 겸손했다. 가족은 물론이고 집안의 많은 친척 어른들이 특별하게 생각했다. 부모님을 비롯해 우리 모두에게는

엄청난 충격이었다. 마치 가슴에 커다란 구멍이 난 것 같았다.

의료전도팀은 삼옥리에 배를 타고 들어가 교회도 없는 산골에서 한 주간 무료진료를 하며 어린이 성경학교, 축호전도, 주민전도집회 등 전도활동에 힘썼다. 큰형은 서울로 돌아오기 전 목욕을 한다며 강에 들어갔는데 홍수로 불어난 물살에 그만 익사하고 말았다. 부모님은 삼옥리로 달려가 강 전체를 샅샅이 훑으며 시신을 찾느라 애썼다. 어렵게 형의 시신을 찾아 서울로 이송했다.

뜨거운 햇볕이 내려쬐던 8월에 장례예배가 열렸다. 큰형의 시신과 영정이 눈앞에 있었다. 큰형의 죽음이 믿겨지지도 실감이 나지도 않았다. "형, 이렇게 가면 어떻게 해. 형…."

많은 분들이 가슴 아파하며 눈물을 흘렸다. 그러나 주님의 위로와 평안이 장례의 모든 순서와 조문객들 가운데 함께했다. 통곡 대신 찬송과 기도가 흘러넘쳤다. 장례 절차가 끝날 때까지 하나님께서 특별한 은혜를 주셨다. 많은 분들이 아버지, 어머니를 걱정했다. 하지만 부모님은 주님이 주시는 평안 가운데 흐트러짐이 없었다. 자신의 몸통이 갈기갈기 찢겨나가는 고통이 있었음에도 오히려 조문객들과 큰형의 친구들을 위로했다. 장례 예배를 집례하던 목사님은 부모님의 의연한 모습을 보고 "신자의 본이 된다"고 말씀하셨다.

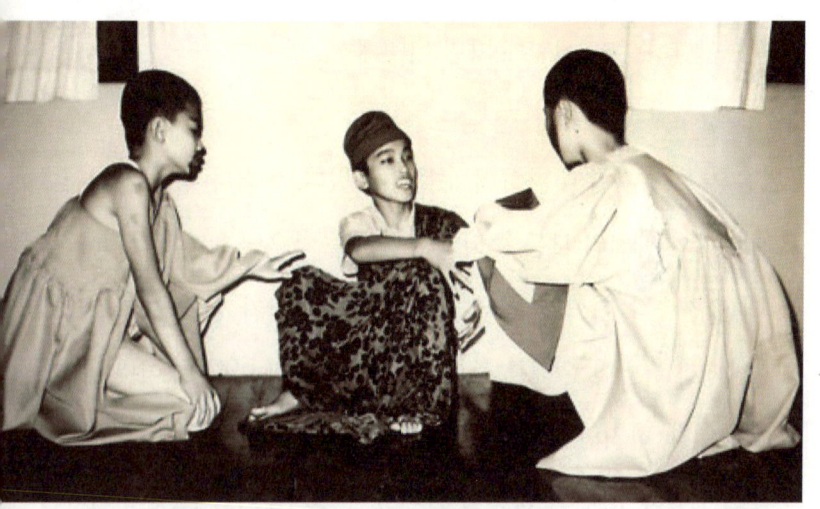
중학교 2학년 때인 1972년 서울 신촌 대현교회에서 성극을 하고 있다. 가운데가 필자.

하나의 밀알 되어
예배당이 세워지고…

동료 의사들 훗날 국내외서 봉사…
둘째·셋째 형도 의료선교 활발히

큰형이 마지막으로 복음을 전했던 강원도 영월군 삼옥리에는 기념예배당이 세워졌다. 당시 삼옥리는 외진 시골 마을이었다. 서울에서 그곳을 가려면 버스를 3번 갈아타고 나룻배를 타고 강을 건너야 했다. CMSA(기독의대생회) 전도활동으로 신도들이 생기기 시작했는데, 예배당도 없던 곳이라 신도들을 위한 모임 장소가 필요한 상황이었다. 삼옥리를 둘러본 아버지는 지역 유지들과 성도들, 큰형이 활동했던 CMSA 회원들과 함께 예배당 건축을 놓고 상의하셨다. 곧이어 모금활동이 시작됐고 아버지를 중심으로 지역 성도들과 회원들은 1974년 삼옥교회를 건축했다.

내가 진실로 진실로 너희에게 이르노니
한 알의 밀이 땅에 떨어져 죽지 아니하면 한 알 그대로 있고
죽으면 많은 열매를 맺느니라
(요 12:24)

CMSA는 삼옥교회로 매년 농촌전도와 의료선교를 다녀왔고 교회가 잘 세워지도록 도왔다. 큰형과 함께 삼옥리에 전도를 갔던 의대생들은 훗날 의사가 되어 전국과 세계로 의료선교를 나가고 있다.

우리 집안에서도 의료선교의 열매가 맺혔다. 둘째 형은 고려대 의대를 졸업한 후 흉부외과 전문의가 되었고 케냐에서 1년간 의료선교로 봉사했다. 지금도 많은 나라를 다니며 단기 의료선교에 힘쓰고 있다. 가톨릭 의대를 졸업한 셋째 형은 농촌 지역에서 복음의원을 개원했다. 병원 진료를 마치면 왕진 가방을 들고 거동이 불편한 환자나 장애인, 독거노인 등을 직접 찾아가 무료로 진료하며 복음을 전하고 있다. 셋째 형은 신학을 전공해 목사 안수도 받았는데 의료선교와 지역선교를 병행하고 있다. 또 의대와 치대를 다니는 조카 네 명이 있는데, 모두 단기선교를 다녀왔고 의료선교의 비전을 갖고 있다.

"강남으로 집을 옮긴다."

아버지가 큰형을 잃은 슬픔을 잊기 위해서였던 것 같다. 오랫동안 큰형과 함께 살았던 서울 신촌 집을 떠나 1974년 논현동으로 이사했다. 교회도 집에서 가까이에 있는 영동제일교회로 옮겼다. 그해 3월 나는 배재고에 입학했다.

배재고는 큰형이 다녔던 학교라 남다른 의미가 있었다. 당시는 고교 입학고사 제도가 폐지되고 추첨으로 학교를 배정하던 첫해였다. 추첨을 앞두고 배재고에 배정될 수 있도록 많은 분들에게 기도를 부탁했다. 1차 배정 단계에서 지역학군이 아닌 배재고가 있는 공동학군으로 배정됐고, 2차 단계에서 약 30개 학교 중 배재고로 배정됐다. 우연이라고 보기에는 너무나도 특별한 기도응답이었다. 고등학교 1학년 때는 유도부에서 활동했다. 2학년이 되면서 이과를 선택했다. 수학을 좋아했기 때문에 연구소에서 우주물리학과 천체과학을 연구해보고 싶었다. 그런데 3학년이 됐을 때 진로에 변화가 생겼다. 아버지가 진지한 표정으로 말씀하셨다.

"용희야, 내가 볼 때 너는 이과보다는 문과 쪽이 더 적합한 것 같다. 네가 어렸을 때부터 독서와 많은 사람들로부터 이야기 듣는 것을 좋아하지 않니. 또 교회에서 중·고등부 회장으로 각종 활동을 하는 것을 보니 아무래도 연구실보다 많은 사람들을 만나 소통하는 문과가 적성에 맞는 것 같다."

이후 어머니가 담임선생님과 면담을 하셨다. 그리고 이과에서 문과로 옮기게 됐다. 당시에는 문과로 옮긴 게 별로 내키지 않았다. 하지만 훗날 선교단체 일을 하면서 이때의 방향 전환에도 하나님의 세심한 인도하심이 있었음을 깨닫게 됐다. 문과로 옮긴 게 복음전파와 선교 공동체 운영, 동성애 합법화 반대운동 등에 더 효과적이었기 때문이다.

1973년 2월 이화여대 졸업식에서 누나인 이종옥 권사(가운데)와 먼저 소천한 큰형(왼쪽), 사촌 형이 기념촬영을 하고 있다.

방황하던 스무살,
"구원의 확신 있는 사람 손 들어보세요!"

농촌전도 위한 수련회 마지막 날
"구원은 하나님 선물" 듣고 "아멘"

1977년 3월 서강대 경상대학에 입학했다.

당시는 계열별 입학이어서 3학년 때 경상대학에 소속된 경제학과 경영학과 무역학과 회계학과 중 1개 학과를 선택하게 돼 있었다. 고등학교 때 교복을 입고 통제된 생활을 하다가 대학에 입학한 후 갑자기 자유로워지자 입학 초기에 적응하는 게 힘들었다. 이과에 대한 미련도 남아 있어 대학생활에 만족하지 못한 채 술을 마시며 방황하기 시작했다. "부어라!", "마셔라!", "건배!"

신입생 환영회부터 술을 마시기 시작했다. 서강대 배재고 동문 신입생 환영회 때 선배들이 후배들에게 얼마나 많은 술을 먹였던지 동기 중 한 명이 신촌 세브란스병원 응급실에 실려 가기도 했다. 그렇게 1학년 때는 술에 취해있는 날이 많았다.

술과 가까이 했지만 희한하게도 기독교 봉사 동아리만큼은 놓지 않았다. 동기들끼리 '스윙(SWING)'이라는 동아리를 만들어서 영어회화 모임도 갖고 여성 시각장애인들이 사는 시설을 찾아가 봉사활동도 했다. 불우 청소년을 위한 야학에서 교사로도 봉사했다. 특히, 대학생 선교동아리인 '산돌'에서 활동했다. 산돌은 고 김활란 박사님이 설립한 이화여대 다락방전도협회 내 전도모임이다. 산돌 활동은 훗날 내 인생에서 큰 전환점이 됐다.

2학년에 올라가면서 공부에 집중하기 위해 그동안 참여했던 모든 동아리를 끊기로 했다. 그때 산돌로 나를 인도했던 선배로부터 전화가 왔다. "용희야, 네가 새 학기 임원이 됐다. 네가 봉사부장으로 일 좀 해야겠다."

'하필이면 봉사부장으로….' 다른 임원이면 거절했을 텐데 봉사부장이란 말에 차마 거절을 하기 어려웠다. 산돌 봉사부는 매달 넝마주이들이 몰려 사는 삼각지와 윤락여성들에게 기술훈련을 시키는 부녀보호소를 방문해 그들과 함께 교제하며 봉사활동을 펼쳤다. '산돌은 한 학기만 하고 반드시 그만둔다.'

매주 금요일 저녁에 열리는 산돌 정기모임에 못 갈 때가 많았지만 그래도 한 달에 두 번씩 봉사활동은 꼬박 참석했다. 한 학기가 끝나가고 여름방학을 앞둔 때였다. 이화여대 다락방 총무였던 서용원 목사님이 나를 부르셨다. "용희야, 이번 여름에는 나랑 같이 농촌전도를 가자."

선배들로부터 농촌전도에 다녀온 이야기를 많이 들어봤기 때문에 한 번쯤 가보고 싶다는 생각은 있었다. '그래, 여름방학 농촌전도를 끝으로 모든 봉사 모임을 정리하자.'

농촌전도를 가기 위해 7월 초 이화여대 다락방에서 열린 전도

수련회에 참석했다. 전도수련회는 낮 시간에 전도훈련을 하고 밤에는 부흥회로 열렸다. 3박4일 동안 농촌전도에 필요한 것들을 집중적으로 배웠다. 특히 부흥회는 분위기가 뜨거웠다. 마지막 날 저녁 부흥회 때 김홍도 금란교회 목사님이 강단에서 큰 목소리로 외치셨다. "구원의 확신이 있는 사람, 손을 번쩍 들어 올리십시오!"

나는 모태신앙이었지만 손을 들 수 없었다. 오래도록 교회는 다녔지만 지은 죄 때문에 천국에 갈 자신은 없었다. 누가 손을 들어 올리나 둘러봤다. 몇몇 선배들이 손을 번쩍 들었다. 김 목사님은 열변을 토해냈다. "우리는 예수 그리스도 피의 공로로 죄 사함을 받았습니다. 우리는 행위가 아닌 오직 믿음으로 구원을 받았습니다. 사람이 행위로 구원받지 못하는 것은 누구든지 자랑하지 못하게 함입니다. 구원은 값없이 주신 하나님의 선물입니다."

'아, 하나님께서 나에게 구원을 선물로 주셨구나.'
하나님이 내게 주시는 분명한 구원의 말씀이었다.
나도 모르게 외쳤다.
"아멘!"

1978년 7월 이화여대 다락방전도협회 농촌전도팀과 함께. 앞줄 가운데가 필자.

"그래,
인생은 원래 내 것이 아니고
주님 것이었어."

"여러분을 가장 잘 아는 분은 하나님"…
수련회 목사님 말씀 듣고 눈물로 회개

1978년 7월 초 전도수련회를 마친 후 20여개 전도팀이 농어촌으로 흩어졌다. 나는 이화여대 다락방전도협회 총무인 서용원 목사님을 모시고 충남 온양으로 향했다. 새벽에는 새벽기도회, 오전에는 어린이성경학교, 점심에는 축호전도를 실시했다. 오후에는 중·고등부 성경학교, 저녁에는 마을전도집회를 열었다. 밤에는 청년집회를 개최했다. 이때 처음 농촌전도를 하면서 중요한 것 하나를 깨달았다.

"용희야, 연극 준비가 부족하니 설교시간에 나가서 연극 준비 좀 하고 와라."

선배의 조언대로 설교 중에 연극 준비를 했다. 공연은 성공적으로 마쳤다. 주민들과 아이들의 반응이 폭발적이었다. 하지만 이런 분위기와 달리 전도팀장인 선배는 우거지상을 하고 있었다. 부팀장을 맡았던 누나는 하염없이 울고 있었다.

"하나님의 말씀도 듣지 않고 연극을 준비해? 도대체 너희들이 생각이 있는 거야 없는 거야!"

알고 보니 서 목사님의 불호령이 떨어졌던 거다. 비로소 깨달

앉다. '연극을 못 하더라도 설교시간은 절대 빠지면 안 되는구나.' 훗날 전도팀장을 맡게 된 나는 분명한 원칙을 밝혔다. "연극을 망쳐도 좋으니 설교시간에는 하나님 말씀에 집중하세요." 교회 청년들을 데리고 단기선교를 갔을 때도 마찬가지였다. 선교대원들이 인형극 등 공연을 준비하기 위해 예배 시간에 빠지겠다고 하는 경우가 종종 있었다. 하지만 절대 허락하지 않았다. 이것은 나와 전도팀 모두의 영혼을 지키는 일이었기 때문이다. "공연만 잘하고 전도팀들이 예배에서 은혜를 받지 못한다면 우리들의 영혼은 누가 책임지겠습니까?"

온양지역 전도를 마치고 곧바로 2차 농촌전도에 투입됐다. 큰형이 선교를 하다 불의의 사고를 당한 강원도 영월군 삼옥리였다. 큰형이 떠난 지 5년 만에 그 땅을 밟으니 감회가 새로웠다. 그곳엔 큰형을 기념하는 삼옥감리교회가 세워져 있었다.

전도를 마치고 서울로 돌아오는 기차 안에서 심각한 고민에 빠졌다. '농촌전도에 몰입했던 한 달간은 정말 주님의 은혜로 정신없이 살았구나. 그런데 앞으로는 어떻게 살지? 예전처럼 술도 마시고 공부에 전념하기 위해 산돌을 그만둬야 하나, 아

니면 전도를 갔다 온 사람답게 술을 끊고 계속 전도에 힘써야 하나.'

서울에 돌아와서도 갈등은 계속됐다. 그러던 중 8월 말 '농촌 초신자 수련회'가 열렸다. 이화여대 다락방전도협회에선 농촌 전도 후 예수를 믿기로 결심한 초신자들과 농촌교회 지도자들을 초청해서 신앙수련회를 가졌다. 농촌교회 일꾼을 세우기 위한 신앙훈련 코스였다. 마지막 날 부흥회 강사로 오신 이동원 목사님(지구촌교회)이 메시지를 전했다. "누가 여러분을 가장 잘 안다고 생각하십니까? 누가 여러분을 가장 사랑한다고 생각하십니까? 누가 여러분의 인생을 최선으로 인도할 수 있다고 생각하십니까?" 이 질문 앞에 내 대답은 모두 '나'였다. 그런데 강사님의 말씀은 달랐다.

"여러분을 가장 잘 아는 분은 여러분을 지으신 하나님이십니다. 여러분을 여러분 자신보다 더 사랑하는 분도 하나님이십니다. 여러분의 인생을 가장 좋은 길로 인도하실 분도 하나님이십니다. 여러분들 가운데 이제부터 예수님의 제자로 살기 원하는 사람은 그 자리에서 일어나십시오."

부인할 수 없는 진실 앞에 직면한 나는 하염없이 눈물만 흘렸다. 그리고 자리에서 일어났다. '그래, 인생은 원래 나의 것이 아니고 애초부터 주님의 것이었어.' 내 인생이 내 것인 줄 착각하고 교만하게 살았던 과거의 죄악을 회개했다. 자리에서 일어선 나는 같은 기도를 계속했다.

"주님, 헌신은 제가 했지만
이루실 분은 주님이신 줄로 믿습니다."

이화여대 다락방전도협회 농촌 전도팀이 1978년 8월 강원도 영월군 삼옥리로 들어가기 위해 나룻배를 타고 있다.

"헌신은 제가 했지만, 이루실 분은 주님이십니다."

'예수 제자' 되기로 결단하고
밤새 부르짖어 기도

1978년 8월 말 '농촌 초신자 수련회' 저녁 집회가 끝난 후 나는 이화여대 다락방전도협회 3층 채플실에 혼자 남아 밤새도록 기도했다.

"주님, 헌신은 제가 했지만 이루실 분은 주님이십니다. 저는 아무 능력이 없습니다. 오늘 밤 이 헌신이 훗날 주님 앞에 설 때까지 온전히 이뤄지도록 저를 붙잡아 주십시오."

이런 기도를 하면서 밤새 부르짖었다. 얼마나 간절하게 기도했는지 새벽녘이 되었을 때 내 몸은 소낙비를 맞은 사람처럼 축축하게 젖어 있었다. 바지 뒷주머니에는 아르바이트를 해서 받은 월급 봉투가 있었는데 땀에 젖어 돈 봉투가 너덜거렸다. 양말을 벗어서 손으로 짜니 물이 주르르 흘러내렸다. 내 평생 첫 경험이었다. 내 힘으로는 이렇게 기도할 수 없었다. 주님께서 나를 불쌍히 여기셔서 그날 밤 온 힘을 다해 부르짖어 기도할 수 있도록 붙잡아 주신 것이다.

날이 밝아올 때 내 육신은 축 늘어졌다. 하지만 영혼은 한없는 기쁨과 감사로 충만했다. 세상 만물이 새롭고 아름답게 보였다.

눈에 보이는 모든 사람들이 사랑스러웠다. 마주치는 사람들이 외모로 보이지 않고 영혼으로 보이기 시작했다. 예수를 모르는 사람들을 보면 견딜 수 없는 안타까운 마음이 들었다.

"용희야, 밤새 기도 잘했니? 참 기특하다." 아침 식사시간에 1층 식당으로 내려가니 이대 다락방 총무인 서용원 목사님이 격려해 주셨다. 식사를 하는데 많은 분들이 어깨를 토닥였다. "이용희, 너 때문에 밤새 한잠도 못 잤어!" 내 기도 소리 때문에 수련회 참석자 대부분이 잠을 못 잤다며 사랑 어린 핀잔을 했다. 그런데 누구도 3층에 올라와서 나의 기도를 막지 않았다.

농촌전도를 다녀온 후 내 인생은 180도 변했다. '과거의 나로 살지', 아니면 '새로운 전도자로 살아갈지'의 고민은 그날로 끝냈다. 그날 밤 주님께서 부어주신 은혜로 말미암아 예수 제자로서 평생 살아가기로 결단했기 때문이다.

변화는 소비생활에서부터 시작됐다. 당시 대학생들은 A(Alcohol·술) B(Billiards·당구) C(Cigarette·담배) D(다방)에 대부분의 용돈을 지출했다. 나도 비슷했다. 청지기로서 하나님께서 내게 주신 물질을 이렇게 쓰면 안 되겠다는 생각이 들었다. 그래서 그날부터 술, 당구, 담배를 끊었다. 다방은 성도 간 교제가 있을 때만 출입했다.

서강대 2학년 2학기 때부터는 이대 다락방대학생연합회 임원을 맡아 활동하기 시작했다. 성경을 가방 속에 넣고 다니며 시간 날 때마다 말씀을 읽었다. 옛날 습관과 언행을 교정하기 위해선 말씀의 은혜가 절대적으로 필요했다.

한번은 같은 과 친구가 다가와 이렇게 투덜거렸다.
"용희야, 지난 한 달 동안 술을 한 잔도 못 마셨어."
"아니, 좋아하던 술을 한 잔도 못 마셨다니?"
"내가 너 따라다니면서 술을 마셨잖아. 그런데 네가 갑자기 술을 끊으니 술 마실 기회가 없어진 게 당연하잖아."

친구들은 나보고 "사람이 변했다"고 했다. 세상 친구들과 보내던 시간은 점점 줄어들었다. 대신 예수 믿는 사람들과 주님의 일을 하는 시간은 대폭 늘었다. 대학에 입학하면서 겪었던 방황도 끝이 났다. 이과에서 문과로 옮기고 마음 한편에선 늘 미련이 있었는데, 이제는 오히려 문과로 옮긴 것에 감사한 마음이 들기 시작했다. 세상에 대해서도 비판적이고 부정적이었는데, 어느새 매사에 밝고 긍정적인 표정으로 변해 있었다. 2학년 여름방학 때 예수님을 구주로 모신 이후 내 인생은 점점 새롭게 바뀌고 있었다.

1979년 여름 행사를 마치고 이화여대 다락방전도협회 총무 서용원 목사(뒷줄 오른쪽 두 번째) 등 임원들과 함께. 뒷줄 왼쪽 다섯 번째가 필자.

1년 이상 선교사로 나갈 사람은 일어나십시오!

10·26사태 뒤 어수선한 대학 시절
세계복음화대성회서 주님과 약속

군대는 서강대 2학년을 마치고 갈 생각이었다. 그런데 1978년 여름부터 이대 다락방전도협회 일에 몰입하다 보니 입대를 미루고 선교활동에 전념하게 됐다. 3학년 1학기 때는 이대 다락방전도협회 내 전도 모임인 '산돌'의 회장이 됐다. 많은 대학생들이 산돌에 와서 예수님을 영접할 수 있도록 온 힘을 쏟았다. 믿음이 좋은 청년들은 성경공부 조장으로 세우고 조별 제자양육, 성경읽기, 기도를 강조했다. 교회를 다니지만 구원의 확신이 없거나 불신자 청년들이 산돌에 처음 나오면 예수님을 영접할 때까지 끈질기게 복음을 전했다. 주님의 은혜로 산돌은 부흥하기 시작했다.

1980년 4학년 1학기 때 '이대 다락방 대학생연합회' 회장을 맡았다. 그때는 국가적으로도 개인적으로도 잊을 수 없는 시기다. 79년 10월 박정희 대통령 서거 후 계엄령이 선포됐고 모든 대학에는 휴교령이 내려졌다. 80년 봄이 되면서 학도호국단 체제가 사라지고 총학생회가 부활하기 시작했다. 유신정권 아래 민주화운동을 했던 학생들이 총학생회장에 출마해 당선됐다. 이들이 주축이 된 각 대학 총학생회는 대학생들이 받던 집체군

사훈련을 거부하기 시작했다. 대학가는 계속되는 시위로 격변기를 맞고 있었다. 시간이 지날수록 상황은 더욱 심각해져 갔고 마침내 5·18광주민주화운동으로 번졌다. 곧바로 계엄령이 선포되고 휴교령이 내려졌다. 이 시기 대학생들은 어둡고 우울한 시간을 보냈다.

이렇게 어려운 시기에 이대 다락방 대학생 연합회장을 맡았기 때문에 남다른 고심이 있었다. 기독교인들의 사회 참여가 첨예한 이슈가 됐기 때문이다. 이런 상황에서도 전도대원을 훈련시키기 위해 7월 초 농촌전도수련회를 가졌고, 7월 말에는 전국 26개 농촌 미자립 교회로 농촌전도대가 파송됐다. 전도수련회와 26개 농촌전도대를 섬기느라 6~7월은 모든 시간과 에너지를 선교에 쏟아부었다. 여름 전도행사를 모두 끝낸 8월에는 거의 탈진상태였다. 그런데 내 인생에서 중요한 부르심이 이때 있었다.

1980년 8월 12~15일 여의도광장에서 '세계복음화대성회'가 열렸다. 매일 100만여 명이 운집했다. 나는 성회에 매일 참석할 생각은 없었다. 첫째 날은 첫날이니까, 둘째 날은 비가 와서 참석자가 없을까봐 참석했다. 셋째 날은 주변 사람들을 권하다보니 함께 가게 됐고, 마지막 날은 끝까지 참석하자는 마음으로 갔다. 그런데 사건은 성회 마지막 날 밤에 벌어졌다. 한국대학생선교회를 설립한 김준곤 목사님께서 여의도광장에 앉아 있던 수많은 회중을 향해 강력한 메시지를 선포했다.

"1년 이상 선교사로 나갈 사람은 다 일어나십시오!
자신이 못 나가면
다른 사람을 1년 동안 선교사로 내보내고
후원할 사람도 일어나십시오!"

나는 군중 속에 앉아 있다 그날 강한 부르심 앞에 순종하며 일어섰다. 주님께서 인생의 1년을 선교사로 나갈 수 있는 사람을 찾으시는데 피할 수 없었다. 80년 8·15광복절, 내 평생 잊을 수 없는 하나님과의 약속이 이날 맺어졌다. 이후로 나는 '선교사로 1년 이상 타국에 나가야 된다'는 부담을 안고 살게 됐다.

그날 밤 나처럼 1년을 선교사로 헌신하겠다고 약속한 사람이 무려 10만명이나 됐다고 한다. 100만명 중 10분의 1이 선교사로 헌신한 것이다. '선교한국'의 첫걸음이 된 역사적인 밤 집회였다. 이때 헌신한 사람들이 지금도 선교사로 사역하고 있다. 하나님께서는 한 번 헌신한 사람들을 잊지 않고 계속 찾아내신다. 그리고 주님과의 약속을 이루신다. 10만명 선교사 파송의 꿈은 한국교회의 기도제목이 됐다.

1980년 8월 서울 여의도광장에서 열린 '세계복음화대성회' 현장. 필자는 이 자리에서 단기 선교사로 헌신할 것을 다짐했다.

제2장

내 손을 가르쳐

싸우게 하시며

나의 반석이신
여호와를 찬송하리로다
그가 내 손을 가르쳐
싸우게 하시며
손가락을 가르쳐
전쟁하게 하시는도다

시 144:1

一
불쑥
"군종병을 하고 싶습니다."

백골부대 훈련 뒤 인사장교 물음에
편한 사단 행정병 마다하고 자청

1981년 2월 서강대 경제학과를 졸업하고 그해 5월 12일 군대에 입대했다. 78년 여름 주님을 인격적으로 만나고 3년간 선교단체에서 모든 에너지를 쏟았던 터라 휴양소에 간다는 생각마저 들었다. 우리 집에서는 내가 막내였다. 하지만 두 형 중 큰형은 레지던트 수련과정 중이었고 작은형은 의대 재학 중이어서 내가 제일 먼저 군대에 가게 됐다. 그래서 부모님이 걱정을 많이 하셨다.

군 입대 후 곧바로 경기도 의정부 101보충대로 옮겨졌다. 부대 배치를 앞두고 다들 긴장상태였다. "너희들은 운이 좋아서 수도권으로 배치될 것이다. 단, 백골부대만 가지 않으면 된다."

조교의 말에 동기들 모두가 좋아했다. 부대 배치를 받던 날 대부분 동기들은 군용트럭을 탔다. 나를 포함한 30여명은 전세 관광버스를 타게 됐다. '웬 횡재냐. 군대에서 관광버스까지 타고.' 그러나 기쁨은 잠시였다. "멀리 전방으로 가는 병사는 트럭이 아닌 관광버스에 탄다." 인솔병이 말했다. 버스는 38선 휴게소를 지나 휴전선 최전방을 향해 달리고 있었다. 그러다가 해골 모양이 그려진 백골부대 표지가 눈에 확 들어왔다. '조교가 백골부대만 안 가면 된다고 했는데….' 참담한 마음이 들었다. 동기들은 모두 버스 안에서 신세타령을 하기 시작했다. 어떤 동기는 "돈 있는 놈은 돈으로 빼고, 백 있는 놈은 백으로 빼고, 돈과 백 없는 우리만 백골부대에 끌려왔다"며 투덜거렸다. 누구는 조상 탓을 했다.

백골부대 신병교육대에 도착했을 땐 부슬비가 내렸다. 조교들이 싸늘한 웃음을 지었다. 관광버스에서 내리자마자 강도 높은 얼차려가 시작됐다. 막사까지 오리걸음으로 엉금엉금 기어갔다. 막사 안에서도 계속되는 얼차려에 동기 몇 명은 쓰러졌다. 쓰러지기 일보 직전에 다행히 얼차려가 끝났다. 이어 정신교육이 있었고 얼마 후 취침에 들어갔다. 잠들기 전 군종병이 내무반에 들어왔다. "주님, 이곳에 모인 당신의 자녀들을 안전하게 지켜 주십시오."

그는 우리를 위해 정성껏 취침기도를 해줬다. 동기들은 백골부대에 도착하면서부터 온갖 쌍욕만 듣다가 존댓말로 하는 기도를 듣고 다같이 울먹였다.

첫날부터 북한에서 들려오는 시끄러운 대남방송 때문에 잠을 청할 수 없었다. 휴전선에 왔다는 게 실감 났다.

'남들은 논산에서 편하게 4주 훈련을 받는다던데….' 강원도 철원 백골부대에서 유격을 포함한 6주간의 강도 높은 신병훈련이 진행됐다. 힘든 훈련을 다 마치고 자대 배치를 앞두고 있는데 사단본부 인사장교가 막사 안으로 들어왔다. 인사장교가 신상카드와 나를 번갈아 봤다. 동기들보다 나이도 많고 몸도 약해 보이니 신경을 써야겠다고 생각했던 것 같다. 인사장교가 입을 열었다. "이용희! 너 어디로 가고 싶나?"

꿈같은 일이 벌어졌다. 지금도 그렇지만 그때도 사단본부 행정병이 제일 편한 보직이었다. 그러나 내 입에서는 뚱딴지같은 말이 튀어나왔다. "군종병을 하고 싶습니다." 인사장교가 신상카드를 뽑았다가 멋쩍은 듯이 다시 내려놓았다. 군종병은 인사장교가 아닌 군종장교가 선발한다. 나는 막사 뒤로 돌아가 땅에 철퍼덕 주저앉았다. '아니, 내가 왜 사단본부 행정병이 아닌 군종병을 한다고 했을까. 굴러 들어온 복을 발로 차다니. 군대에서는 좀 쉬다가 제대하려고 했는데….'

한숨을 쉬며 후회를 하다가 갑자기 취침기도를 해준 군종병이 떠올랐다. 그때부터 주님께 기도를 시작했다.

"주님,
취침기도를 해줬던 그 군종병처럼
저도 많은 병사들을 기도로 섬기는
군종병이 되고 싶습니다."

1981년 7월 강원도 철원 백골부대에서 이등병 계급장을 달고 같은 부대 하사와 기념촬영을 하는 필자(왼쪽).

一
사고 나면
부대장 책임이 아니라
군종병 책임

"군종병은 영적인 지휘관" 책임감…
사고 터질 때마다 기도 부족 회개

1981년 6월말 강원도 철원 백골부대에서 신병교육을 마치고 휴전선 철책에서 근무하는 22연대로 배정됐다. 연대본부에서 대기하고 있었는데 이번 신병들은 모두 수색대로 차출된다고 했다. 신병 모두가 열 손가락의 지문을 찍었다. 당시 철책부대 수색대는 비무장지대(DMZ)에서 활동하는 특공대 성격을 띠고 있었다. '휴전선 철책까지 왔는데, 이제는 DMZ에서 복무한다고 하니 갈 데까지 가는구나.'

취침시간이 돼서 연대 대기병 막사에 누워 있는데 밤늦게 누군가 다가왔다. 군종병이었다. "이대 다락방전도협회에서 활동하면서 농촌전도를 했다고?" 그는 내가 선교단체에서 활동했다는 이야기를 듣고 "주일 군목님께 보고하겠다"고 했다. 주일 밤 군목님이 막사로 찾아왔다. "이용희, 선교단체에선 어떤 일을 했는가?" 군목님은 몇 가지 사항을 묻더니 아쉬운 기색을 보였다. "사실은 3대대 군종병을 찾고 있는데 말이다. 수색대만 아니면 참 좋은데 안됐다."

군목님은 그 말을 끝내고 발길을 돌렸다. 당시 수색대로 차출돼 열 손가락 지문을 찍으면 보직 변경은 어려웠다.

다음날 아침 부대배치가 발표됐다. "김모, 수색대!", "이모, 수색대!", "박모, 수색대!", 내 차례였다. "이용희, 3대대 본부!"

'아, 하나님께서 나를 3대대 군종으로 파송해 주셨구나.'
후일담을 들어 보니 군목님은 발령 직전에 크리스천이었던 연대장님을 찾아가 나를 수색대에서 3대대 군종병으로 변경했다는 것이다. 이등병 시절부터 철책부대 군종병으로 생활했다.

부대에선 지뢰 폭발 등 각종 사고로 죽는 경우가 많았다. 그래서 사병 1인당 하루에 100원씩 생명 수당을 줬다. 당시 이등병 월급이 한 달에 3,000원이었는데 생명 수당도 똑같이 한 달에 3,000원이었다.

그해 8월 군단 수양소에서 열린 첫 군종수련회에 참석했다. 군종참모 목사님께서 대대 군종병들에게 다음과 같이 설교했다. "여러분은 사병이지만 영적으로는 부대 지휘관이나 마찬가지입니다. 사고가 나면 부대장 책임이 아니라 여러분 책임입니다."

마치 하나님께서 내게 주시는 말씀으로 들렸다. 9월쯤 우리 부대에서 하사관 한 명이 수류탄으로 자폭해 죽은 사고가 발생했다. 애인이 변심했는데 철책 근무 중이라 휴가를 갈 수 없는 상황이었다. 너무 힘들어 자살했다는 것이다. 이 사실을 알고 나는 바로 대대장실로 올라갔다. 그리고 독실한 불교신자였던 대대장 앞에서 무릎을 꿇고 잘못을 구했다. "잘못했습니다. 제가 기도하지 않아서 이런 일이 발생했습니다. 제 책임입니다."

기도를 안 한 것은 아니지만 내 기도가 부족해서 사고가 났다고 생각했다. 대대장님께 용서를 구했다. 후에 또다시 사건이 터졌다. 한 사병이 탈영한 것이다. 다시 대대장님을 찾아가 용서를 구했다. 그때 대대장님은 기독교인이셨다. 사고가 나면 내가 기도를 소홀히 해서 생긴 사고라고 여겼다. 대대장님의 종교나 지휘 능력과 상관없이 부대의 안전이 영적 제사장인 군종병의 기도에 달려 있다고 믿었기 때문이다.

1981년 백골부대 3대대 군종시절 전임 군종병(가운데), 중대 군종병(왼쪽)과 함께.

백골부대 온 것을
하나님께 감사하는 신병

불신자 어머니 하나님께 인도 위해
어려운 선택한 병사에 '은혜' 받아

전방부대에서는 신병이 자대배치를 받으면 대대 군종병이 상담했다. 문제 사병으로 생각되면 보고를 해서 전방에서 후방으로 옮겼다. 가끔씩 군대생활에 적응하지 못한 사병들이 휴전선 철책을 넘어 월북하는 사태가 벌어졌기 때문이다. 이런 경우, 소대장 중대장 대대장 연대장 사단장 등 직속 지휘관들이 처벌받았다.

대부분의 신병들은 백골부대에 올 때 주눅이 들어 있었다. 그리고 "돈 없고, 빽이 없어서 여기까지 왔습니다"라며 한숨을 쉬었다. 그러면 나는 군종병으로서 신병들을 위로하며 사기를 북돋우기 위해 바빴다. "신병, 젊은 날 고생은 사서도 한다. 힘든 군대 생활은 오히려 우리에게 약이 된다. 고난을 통해 인생의 너비와 깊이가 더해지는 거야. 후방에 편하게 있으면 게을러지고 나태해질 수 있어. 자, 지금의 어려움을 한 번 이겨내 보자!"

1982년 어느 날, 막 도착한 신병과 상담했다. 어떻게 위로를 할까 고민하는데 신병의 첫 마디가 의외였다. "백골부대 온 것을 하나님께 진심으로 감사드립니다." 모두가 기피하는 분위기에서 갓 배치받은 한 신병이 백골부대 온 것을 하나님께 진심으로 감사드린다고 한 것이다. 처음에는 잘못 들은 줄 알았다. 그런데 아니었다. 신병 얼굴에 확신이 가득해 보였다. 신병은 외동아들이었고 집안에서 혼자 예수를 믿는다고 했다. 그의 어머니는 점집 단골손님이었다. 그가 입대 영장을 받았을 때 그의 어머니는 점집으로 달려갔다고 한다.

"아들아, 오늘 너의 군대 점을 봤다. 아주 힘든 부대에 배치된다고 나왔더라. 그래서 복채를 많이 주고 너의 군대 점을 바꿨다. 너는 이제 제일 편한 곳에서 군대생활을 할 거야."

어머니의 말이 끝나자마자 그는 이렇게 말했다.

"어머니, 저는 지금부터 제일 힘든 부대에 가게 해달라고 기도할 겁니다. 제가 제일 힘든 부대에 배치되면 그때부터 어머니가 믿는 미신이 거짓이며 제가 믿는 하나님이 참 하나님인 줄 아세요. 그리고 그날부터 교회에 다니세요."

실제로 그는 입대 후 가장 힘든 부대로 가게 해 달라고 간절히 기도했다. 경기도 의정부 101보충대에서 '백골부대가 가장 힘든 부대'라는 얘기를 듣고 그때부터 백골부대에 가게 해 달라고 간구했다. 백골부대에 배치됐을 때 너무 감격해서 눈물까지 흘렸다고 한다. "어머니가 앞으로는 점쟁이를 찾아다니지 않고 교회에 다니실 겁니다." 군종병인 내가 오히려 큰 은혜를 받았다. 그의 손을 꼭 잡았다. 신병의 군대생활과 어머니의 구원과 신앙생활을 위해 간구했다.

1년간 휴전선 철책 근무를 마치고 부대가 철책선에서 남쪽으로 이전했다. 주로 군사훈련 위주였다. 3대대 병력은 500명이 넘었는데 군인교회는 40명 이상 수용할 수 없었다. 예배당이 좁다 보니 주일 예배를 부대 식당에서 드렸다. 식탁과 의자는 돌로 만든 것이었다. 주일 오전 예배는 200명 이상 함께 드리는 경우가 많았다. 이때 교회에 있던 강대상, 풍금, 성경·찬송, 헌금바구니 등을 모두 식당으로 옮겼다. 문제는 겨울이었다. 강원도 철원의 겨울은 영하 20도 아래로 내려갈 때가 많았다. 그런데 에너지를 절약한다며 겨울에도 식당에 난방을 하지 않았다. 워낙 춥다 보니 소대별로 음식을 타서 내무반에서 각자 식사할 정도였다. 한겨울 부대 식당에서 드리는 주일 예배는 냉동실 안에서 드리는 예배 같았다. 차디찬 돌 의자에 앉으면 엉덩이를 통해 올라오는 냉기가 등골을 타고 온몸에 퍼졌다. 예배를 드리며 발이 시려 동동 구른 게 한두 번이 아니다.

당시 군대에선 '전군 신자화 운동'과 '1인 1종교 갖기 운동'이 시행되고 있었다. 병사들은 주일 오전 기독교 불교 가톨릭 중에서 하나의 종교행사에 참여했다. 믿음이 좋은 병사들은 추위에 아랑곳하지 않고 예배를 드렸지만 믿음이 없는 병사들은 따뜻한 내무반에서 열리는 미사나 법회에 참석했다. 이런 상황이 너무 안타까웠다. 그렇게 첫 겨울을 지내고 나는 주님께 간절히 기도하기 시작했다.

"주님, 예수 믿는 병사들이 다 함께 예배드릴 수 있는 넓은 예배당을 주세요. 초신자들이 추운 날에도 가톨릭이나 불교로 가지 않고 교회에 올 수 있도록 넓은 예배당을 주세요."

1983년 4월 강원도 철원 군대교회에서 촛불예배를 드리는 필자(오른쪽). 당시 부대 내 교회는 40명밖에 수용할 수 없는 데다 난방이 되지 않아 예배를 드리는 데 어려움을 겪었다.

"대대군종 너 미쳤어?
최전방 군인들 금식시켜?"

대대장에 건축 허락 받고 모금 활동⋯
영락교회에서 후원 약정

추운 겨울이 지나고 1983년 봄이 왔다. 그해 7월로 예정된 제대가 기다려지기 시작했다. 그래도 군대 예배당만큼은 반드시 지어야겠다는 생각이 들었다. 군종 계통으로 교회 재건축 계획을 보고했다. 민간교회와 성도들의 헌금으로 군대교회를 짓는다는 계획이었다.

"불가." 결과는 간단했다. 안 된다는 것이었다. 군대 내에서 민간지원으로 특정 종교를 확장시키는 일을 해서는 안 된다는 게 이유였다. 낙심이 되었고 절망스러웠다. 군종실에 누워서 스스로를 달래기 시작했다. '그래, 제대 말년에 교회 짓느라 고생하지 말고 그동안 못했던 공부나 하다 가자.'

그때 내 마음에는 실오라기 같은 가능성 하나가 스쳐갔다. 당시 김태구 대대장님과 하연수 사모님은 독실한 신앙인이었다. 사모님께서는 주일 저녁예배는 물론이고 수요예배까지 나와서 풍금 반주를 해주셨고 교회를 정성껏 섬기셨다. '그래, 마지막으로 대대장님께 말씀드려보자. 대대장님께서 허락해 주시면 하나님의 뜻인 줄 알고 아니면 그만두자.'

용기를 내서 대대장님을 찾아갔다. "백골! 병장 이용희! 대대장님께서도 느끼셨겠지만 군대교회 예배당을 꼭 건축해야 할 상황입니다. 제가 말년 휴가 때 나가서 모금을 해오겠습니다. 예배당 건축을 허락해 주십시오. 지휘계통만 문제없게 책임져 주시면 모든 건축은 제가 맡겠습니다." 대대장님이 나를 물끄러미 쳐다보셨다. "그래? 그건 내가 책임지지. 자네가 힘껏 해보게."

그렇게 단번에 교회 건축 허락을 받았다. 군종 계통으로 허락이 나지 않았던 일이 대대장님께서 책임지시겠다면서 한 번에 풀렸다. 하나님의 역사였다. 추운 겨울 냉동실 같은 예배당에서 주일예배를 드릴 때마다 안타깝고 원통한 마음으로 군종들이 모여 간절히 부르짖었던 기도의 응답이었다.

교회 건축 허락을 받은 기쁨도 잠시, 평생 한 번도 해본 적 없는 모금운동과 교회건축 총감독을 맡아야 했다. 수천만 원의 건축비는 사병 입장에서 꿈꿀 수도 없는 큰돈이었다. 먼저 건축 견적을 내기 위해 기독교인 공병대 소령님을 찾아갔다. 우리 사정을 말씀드리고 교회건축 설계를 부탁했다. 그리고 중대군종과 소대군종 등 총 21명을 소집해 교회 건축을 위해서 주일 하루 금식기도를 시작했다. 이 사실이 당직 장교에게 알려졌다. 불호령이 떨어졌다. "대대군종, 너 이 자식 미쳤어? 정신 차려!

최전방 군인들을 금식시킨다는 게 말이 되냐? 사병들에게 밥을 먹여야 힘을 내서 나라를 지킬 것 아냐!" 욕설이 쏟아졌다. 묵묵히 듣고만 있었다.

금식기도 없이 이렇게 중요한 일을 감당할 수는 없었다. 모금을 위한 말년 휴가를 앞두고 날마다 저녁시간에 군인교회 예배당에서 방석을 깔고 주님께 간절히 기도했다. 매일 1시간 이상씩 40일 작정기도를 드렸다.

그해 6월 2주간의 말년 휴가는 빠르게 지나갔다. 여러 교회를 찾아가 전방부대의 상황을 말씀드렸다. 교회 건축의 필요성을 호소했다. 감사하게도 가까운 친지와 몇몇 교회에서 구체적인 도움을 주셨다. 서울 소망교회를 찾아갔다. 곽선희 목사님을 뵙고 대대교회 건축 설계도를 보여드렸다. "기특하네. 이 병장." 곽 목사님은 그 자리에서 금일봉을 건축헌금으로 주셨다. 그 다음으로 군선교가 활발한 영락교회를 찾아갔다. 여선교회 회장님을 만나 자초지종을 말씀드렸다. 여선교회 회장님은 그 자리에서 흔쾌히 승낙을 하셨다. "최근 군선교의 문이 닫히고 있는 상황입니다. 대대장님께서 책임지고 교회 건축을 허락하셨다니 정말 놀랍군요. 건축에 필요한 모든 재정을 우리가 맡겠습니다!"

'한국교회에 이렇게 멋진 신앙의 여장부가 있다니.'
감격스러웠다. 감사와 찬송이 저절로 나왔다.

1983년 4월 김태구 백골부대 제3대대장님(오른쪽 두 번째) 생일파티에서. 하연수 사모님(가운데)은 이후에도 오랫동안 에스더기도운동 사역을 도우셨다.

제대 한달 전 교회 건축 시작,
제대 후 다시 부대로 복귀

민간 모금 중지로 예배당 크기도 축소…
교회는 돈 아닌 기도로 지음을 깨달아

1983년 6월 초 '말년 휴가'를 마치고 부대로 복귀했는데 상황이 안 좋게 돌아가고 있었다. 부대 내에선 내가 교회 건축을 위해 민간인들에게 모금 운동을 하고 있다는 소문이 퍼져 있었다. 상급부대에서 주의를 줬다. "허가 없이 민간교회 지원으로 대대 교회를 지을 수 없음."

건축계획을 대폭 수정했다. 아쉽지만 이미 모금한 건축헌금은 다시 돌려줬다. 영락교회 여전도회에도 이 사실을 알렸다. 여전도회 회장님은 무척 안타까워하셨다. "좋습니다. 건축헌금은 도울 수 없어도 건축 후 예배당에 필요한 강대상, 장의자 등 모든 비품을 후원하겠습니다. 끝까지 승리하세요. 이 병장!"

교회가 아닌 친지들로부터 후원받은 돈만 건축헌금으로 사용할 수 있었다. 건축 규모도 변경했다. 원래는 기존 예배당을 허물고 200명 이상 들어가는 예배당을 지으려 했다. 그러나 현재 있는 건물을 보수하고 증축하는 형식으로 바꿨다. 예배당 한쪽 벽을 헐고 길게 확장해 40명 들어가던 공간을 150명이 들어가는 공간으로 만들기로 했다. 안타깝고 억울했지만 방법이 없었다.

그해 6월 중순 드디어 교회 건축이 시작됐다. 대대 내에서 건축 경험이 있는 사람들을 찾아가 도움을 청했다. 중대·소대 군종들이 중심이 돼 직접 땅을 파고, 콘크리트를 부었다. 벽돌을 정성스럽게 쌓기 시작했다. 혹시 공사 기간이 길어지면 대대장님께 누가 될까 봐 최대한 신속하게 마칠 수 있도록 온 힘을 다했다.

가장 중요한 것은 건축자재였다. 자재가 제때 도착해야 건축이 중단되지 않고 진행되는 상황이었다. 그런데 내 맘대로 되지 않았다. 필요한 자재들이 오지 않으면 우리는 모두 손을 놓고 자재가 올 때까지 기다려야만 했다. 자재가 도착하지 않으면 올 때까지 금식하며 기도했다. 놀랍게도 금식기도를 시작하면 여러 사정으로 오지 못했던 자재들이 도착하기 시작했다. 그래서 중단됐던 건축이 재개됐다. 어떤 때는 3일을 금식기도하고 난 후에야 기다렸던 자재가 도착했다.

나는 이 일을 통해서 귀중한 깨달음을 얻었다.

'교회는 돈으로 짓는 게 아니라 기도로 짓는 것이구나.'

예전에는 돈만 준비되면 교회 건축이 가능하다고 생각했다. 그러나 이제는 생각이 달라졌다. 교회는 성도들의 믿음과 기도로 짓는 하나님의 집이다. 지금도 많은 교회를 바라볼 때 '저 교회를 짓기 위해 담임목사님과 성도님들이 얼마나 많은 기도와 헌신으로 수고했을까' 하는 생각을 한다.

금식기도를 하면서 교회 건축을 감독한다는 게 쉽지 않았다. 군대교회 건축의 어려움을 아는 많은 분이 후방에서 뜨겁게 기도해 주었다. 7월 5일이 전역 예정일이었다. 그러나 공사는 아직도 한참 남아 있었다. 후임으로 온 신병 대대군종에게 건축 총감독을 넘긴다는 것은 무리였다. 고민하다가 제대 후 서울에 가서 예비군 신고를 하고 다시 부대로 복귀하기로 했다.

전역을 앞두고 백골부대 전역자 송별회에서 내가 대표로 답사했다. 조마조마한 마음으로 백골부대에 첫발을 디뎠던 신병 시절이 엊그제 같은데 2년 3개월이 지나갔다. 대학에서 교련을 배웠기 때문에 6개월 복무 기간 단축 혜택을 받았다.

"군기가 세고 훈련의 강도가 센 백골부대!
군 복무는 하나님께서 주신 특별한 축복이었고 이를 통해 늠름한 대한의 남아가 됐습니다."

전역 후 서울로 와서 전역자 신고를 마쳤다. 그리고 곧바로 강원도 철원으로 가는 시외버스에 몸을 실었다. 예비군복을 입고 부대 정문에 들어서니 많은 후배 병사들이 반갑게 맞아줬다. 도착하자마자 교회 건축 현장으로 뛰어갔다.

1983년 9월 3일 군대교회 헌당예배 후 필자와 함께 군목님과 김태구 백골부대 제3대대장님 부부, 후임 군종(앞줄 왼쪽부터 차례대로)이 기념촬영을 하고 있다.

"그러면 삼성전자에서 근무할 수 없습니다."

당장 취업해 부모님 모셔야 했지만…
주일성수 못하는 직장은 제외하기로

하나님의 은혜로 군대교회 공사는 순조롭게 진행됐다. 내부 공사만 남은 상태에서 후임 군종들에게 남은 공정을 부탁하고 서울로 돌아왔다. 며칠 후 공사를 마쳤다는 연락이 왔다. 서울 영락교회 여전도회에 건축 상황을 보고했다. 약속대로 강대상과 장의자 일체를 준비해 1983년 9월 3일 헌당예배 때 오셨다. 주변에서 필요한 비품도 지원해 주셨다. 헌당예배 때 이런 기도가 절로 나왔다. "주님, 추운 겨울에도 따뜻하게 예배드릴 수 있는 예배당을 허락해 주셔서 감사합니다. 주님, 더 좋은 예배당을 짓지 못해 죄송합니다. 이 성전을 넘나드는 장병들이 예수 믿고 구원받게 해주세요."

군복무를 마치고 곧바로 가을학기에 서강대 정치외교학과로 복학했다. 나는 원래 정치·경제와 경제정책에 관심이 많았다. 81년 서강대 경제학과를 졸업했지만 재학 중에 정치외교학을 복수전공했기 때문에 졸업 후 정외과에서 2학기를 공부하면 정치외교학 학사 학위를 받을 수 있었다. 제대 후 첫 학기는 매우 힘들었다. 제대 말년에 군대교회 건축으로 체력은 소진되어 있었고 장학금을 받아야 한다는 압박감이 컸다. 최전방에서 2년 3개월

동안 거의 책을 보지 못하고 살아가다가 다시 공부를 하려니 여간 어려운 게 아니었다.

"콜록콜록." 무리하게 공부를 한 탓인지 학기말고사를 앞두고 기침이 시작됐다. 그런데 기침이 그치지 않았다. 상태가 점점 심각해져 큰형이 레지던트로 있는 국립의료원에 갔다. 결핵성 급성폐렴이라는 검사 결과가 나왔다. 학기말고사를 제대로 치르지도 못했다. 겨우 추가 시험을 보는 등 어려움을 겪었다.

큰형이 한 달 동안 매일 주사를 놔줬다. 결핵약은 1년 넘게 먹어야 했다. 빠르게 회복됐고 겨울방학에는 농촌 전도를 갈 수 있었다. 84년 8월 서강대 정외과 졸업이 눈앞에 다가왔다. 당시는 아버지가 은퇴하신 뒤라 집안 형편이 여의치 않았다. 게다가 레지던트였던 큰형과 작은형이 동시에 군 입대를 했다. 나는 유학을 꿈꾸고 있었지만 형들이 전역할 때까지 부모님을 모셔야 하는 상황이 됐다. 그래서 직장을 알아보기 시작했다.

구직에 앞서 주님께 이런 기도를 드렸다.

"첫째, 주일성수할 수 있는 직장을 주십시오. 둘째, 8월 말까지 이화여대 다락방 대학생 모임에서 말씀 전하는 직분을 감당할 수 있는 직장을 주십시오. 셋째, 전공과 영어 능력이 향상될 수 있는 직장을 주십시오. 넷째, 월급이 50만원 이상 되는 직장을 주십시오."

월급을 특별히 명시한 것은 집안을 책임져야 하는 상황이었기 때문이다.

처음 원서를 낸 곳은 삼성전자였다. 서류전형을 통과하고 면접에 들어갔다. 임원들이 내 서류를 훑어보더니 이런 질문을 던졌다.

"기독교 활동을 많이 했던데 우리 회사에 온 뒤 만약 일요일에도 근무하라고 하면 어떻게 하겠습니까?"

"네, 새벽예배를 드리고 와서 근무하겠습니다."

그러자 송곳 같은 질문이 이어졌다.

"매주 일요일 근무하라고 하면 어찌 하겠습니까?"

"그러면 삼성전자에서 근무하는 것은 어렵습니다."

잠시 침묵이 흘렀다. 옆에 있던 임원이 민망했던 것 같다.

"뭘 이런 걸 가지고 꼬치꼬치 따지나?

다른 질문으로 넘어가자고."

면접장을 나오면서 씁쓸한 마음이 들었다. 며칠 후 결과가 나왔다. 불합격일 줄 알았는데 합격이었다. 그러나 내 마음은 이미 정해져 있었다. 당시 대기업들이 그랬던 것처럼 삼성전자도 주일날 근무하는 경우가 많았다. 주일성수는 기도제목 중 첫 번째였다. 주일을 거룩하게 지킬 수 없는 직장은 제외 대상 1순위였다.

1984년 8월 서강대 정치외교학과 졸업식에서 부모님과 이화여대 다락방전도협회 후배들과 함께. 뒷줄 가운데가 필자, 그 왼쪽이 부모님이다.

이상하다.
면접 때는 영어를 참 잘했는데…

기도 응답 덕분에 영어 면접서 술술…
휴가 이용 1년 두 차례 농촌전도까지

두 번째로 원서를 낸 곳은 유한킴벌리였다. 기업이념이 마음에 들어 지원을 했는데 합격통지를 받았다. 그러나 면접 때 회사 상황을 보니 내가 기도했던 4가지 기도제목을 충족시킬 수 있는 곳이 아니었다. 그래서 이곳도 입사를 포기했다. 그러자 주변에서 말이 나오기 시작했다.

"용희가 아직도 세상 물정을 몰라서 저 모양이야."

"이용희는 너무 교만해."

"자기 입맛에 딱 맞는 직장이 세상에 어디 있냐?

너 철들려면 한참 멀었다."

누구는 면전에서 이런 이야기를 대놓고 했다. 그러나 계속 기도하면서 주님께서 예비하신 직장을 기다렸다.

세 번째로 원서를 낸 곳은 외국계 은행이었다. 우연히 영자신문을 보다가 그린드레이즈 영국은행 서울지점 구인광고가 눈에 들어왔다. 1명을 뽑는데 140여명이 지원했다. 지원자 중에는 미국 MBA 학위를 받은 사람들도 있었고 공인회계사도 있었다. 나는 영어에 능통하지 않고, 유학도 다녀오지 않았다. 공인회계사 같은 자격증도 없었다. 그런데 최종 면접까지 갔다. 영어면접을 앞두고 주님께 간절히 기도드렸다. '주님, 예상 질문을 알려주세요.' 그리고 예상 질문 몇 개와 답변을 영어로 달달 외웠다.

"이용희씨는 이 문제에 대해서 어떻게 생각하나요?" 영국인 총무부장과 지점장은 최종 면접 때 정확히 내가 외운 질문을 던졌다. 전율이 느껴졌다. 자신 있게 답했다. "오우! 엑설런트. 이용희씨는 영어를 참 잘하는군요." 영국인 지점장이 칭찬했다. 합격이었다. 입사 후 지점장이 종종 말을 걸었다. 그런데 나는 그의 말을 잘 알아듣지 못했다. 그래서 웃음으로 넘겼다. 지점장이 머리를 갸웃거리며 이런 말을 했다. "이상하다. 면접 때는 영어를 참 잘했는데…."

영국은행은 내가 기도한 4가지 기도제목에 딱 맞는 곳이었다. 서강대 경제학과와 정치외교학과에서 배운 것은 이론이었다. 은행은 실무 그 자체였다. 당시 은행은 지금처럼 전산화가 되어 있지 않았다. 그래서 전표 기입과 부기원리는 필수였다. 아무것도 모르는 신입 행원이라 전표를 잘못 기입해 야단맞기 일쑤였다. 모든 것을 새로 배워야 했다. 은행에선 점심시간에 영국문화원에서 영어를 배울 수 있도록 배려했다. 퇴근 후에는 부기학원과 무역실무학원에 다니도록 지원해줬다. 영국은행 아시아지역 연수센터가 있는 인도에서 4주간 수출입업무 연수도 받았다.

지나고 보니 4가지 기도제목이 모두 이뤄졌다. 주일성수를 할 수 있었고, 이화여대 다락방 산돌 모임에서 말씀을 전할 수 있었다. 각종 연수 등을 통해 전공과 영어실력이 향상되었고, 50만원이 넘는 월급도 받았다. "주님, 감사합니다! 부족한 저의 기도를 세밀하게 응답하신 주님을 찬양합니다."

특별히 감사했던 것은 은행에 다니면서도 여름과 겨울 두 차례 농촌전도를 다닐 수 있었다는 것이다. 당시 대기업에 다니는 동기들은 1년에 3일 정도의 여름휴가를 쓸 수 있었다. 하지만 나는 영국은행에서 휴가로 10일을 쓸 수 있었다. 그래서 5일씩 여름과 겨울 농촌전도를 다녀왔다.

1986년 11월 2년여간의 그린드래이즈 영국은행 서울지점 근무를 마치고 본격적인 유학준비에 들어갔다. 군의관이었던 큰형과 작은형이 제대하면서 집안의 경제적 책임을 감당할 수 있었기 때문이다. 영국은행에 근무하면서 많은 것을 배웠다. 전공과 영어 외에도 인간관계와 사회생활의 중요성을 배웠다. 치열한 경쟁이 벌어지는 약육강식의 시스템 속에서 성도들이 더욱 뱀처럼 지혜롭고 비둘기같이 순결해야 한다는 성경말씀을 실감했다.

영국은행은 백골부대 못지않게 소중한 교훈을 줬다.

1985년 10월 인도에 있는 그린드래이즈 영국은행 아시아 연수센터에서 연수를 받고 동료들과 기념사진 한 컷.

"네가 나한테 헌신했냐, 내가 너한테 헌신했냐?"

유학 중 한인교회 '회개의 밤' 통해
주님 뜻보다 내 뜻 앞세운 기도 '회개'

1988년 9월 미국 시애틀에 있는 워싱턴대 대학원 경제학과에 입학했다. 81년 2월 서강대 경제학과를 졸업한 지 7년도 훨씬 지나서 다시 경제학 공부를 하려니 여간 힘든 게 아니었다. 영어에 익숙하지 않은 데다 미국 문화도 낯설었다. 그래서 유학 첫해는 스트레스가 심했다.

시애틀 중앙침례교회에 출석했다. 신혼부부와 청년을 맡아 성경공부를 가르쳤다. 한번은 지역 한인교회에서 주관한 '회개의 밤'이라는 행사가 있었다. '문학의 밤' '찬양의 밤'은 들어봤지만 '회개의 밤'은 처음이었다. 당시 유학생활이 내 뜻대로 안 돼 참 어려웠던 시절이었다. 그날 밤 특별한 은혜와 깨달음이 있었다. 기도 중 주님께선 이런 영감을 주셨다. 길을 가는데 옆을 보니 예수님이 안 계셨다. 뒤돌아보니 예수님께서 멀찌감치 따라오고 계셨다. 주님은 난처한 얼굴이었다.

"예수님, 빨리 오셔야죠! 그렇게 뒤처지면 어떡해요?"

그때 주님께서 대답하셨다.

"용희야! 네가 나한테 헌신한 것이냐,

아니면 내가 너한테 헌신했느냐?"

뒤통수를 한 대 얻어맞은 듯한 충격이었다.

돌이켜보니 주님께 기도로 여쭙지 않고 '주님, 제가 이렇게 결정했으니 꼭 이루어 주십시오'라며 강청하고 있었다. 예수님을 하인 부리듯 했던 내 모습이 떠올랐다. 그래서 주변 환경은 힘들게 꼬여 있었고 마음에 평안이 없었다. 그날 밤 눈물을 흘리며 주님께 회개기도를 드렸다. "주님, 종놈에 불과한 제가 주인님을 몸종처럼 부렸던 것을 용서해 주십시오."

워싱턴대 대학원에서 2년간 공부하고 경제학 석사학위를 취득했다. 90년 미국 동부에 위치한 예일대 대학원으로 옮겨 국제개발경제학을 전공했다. 학교 안에 있는 인터내셔널교회에 출석했다. 다양한 국적의 학생들이 예배에 참석했다. 인터내셔널교회에 출석하면서 미국 크리스천의 신앙을 가까이에서 볼 수 있었다. 학업을 쫓아가기 어려웠는데 여러 면에서 도움을 준 미국인 크리스천 친구들이 있었기에 위로와 힘을 얻을 수 있었다.

특히, 조엘 펫처라는 친구는 지금도 잊을 수 없다. 펫처는 내가 기숙사 생활을 하며 힘들게 대학원 공부를 하고 있을 때 큰 힘이 됐던 친구다. 그는 한국말을 하나도 알아듣지 못했지만 내가 한인교회에 가면 함께 가서 내 옆에 앉아 예배를 드렸다. 펫처는 어려울 때마다 중보기도를 해주었다. 또 새로운 환경에 잘 적응할 수 있도록 세심하게 보살펴줬다. 당시만 해도 알려지지 않은 나라였던 한국의 유학생을 희생적으로 섬기는 그의 모습을 보면서 천사같은 친구라는 생각이 들었다. 그래서 한번은 이렇게 물었다.

"조엘 펫처, 너의 섬김을 보면 빛이 난다. 네가 가진 믿음의 비밀이 무엇인지 알고 싶어."
"응, 나는 네 살 때 아버지를 통해서 복음을 듣고 예수님을 영접했어. 그 이후로 계속 말씀과 기도로 주님과 교제하고 있지. 그리고 부모님은 집에 TV를 아예 두지 않았어. 그래서 어렸을 때부터 TV를 보지 않고 자랐지."

나는 대학생 때부터 농촌전도를 다니며 중학생 이상에게만 복음을 전하고 예수님을 영접하도록 초청했다. 초등학생이나 미취학 어린이들은 아직 어려서 스스로 판단할 수 있을 때까지 기다려야 한다고 생각했기 때문이다. 그러나 펫처의 이야기를 듣고 나서 생각이 완전히 바뀌었다. '그렇다. 예수님은 빨리 영접

할수록 좋은 것이다. 펫처럼 예수님을 빨리 영접해야 신앙심 좋은 청년으로 성장할 수 있다.'

그때의 깨달음 이후로 농촌전도를 나가면 꼭 유치원생부터 초등부 어린이까지 모아놓고 복음을 전했다. 그리고 예수님을 구주로 영접하도록 했다. 실제로 수많은 어린이들이 예수님을 영접하는 것을 직접 확인할 수 있었다.

1989년 미국 시애틀 워싱턴대 교정에서.

—
나도 부족한데
한국교회를 위해
기도할 수 있을까?

결국 공부 늦추고 월요기도모임 이끌던 중
UNDP 프로젝트 맡아 직장생활 시작

미국 예일대 대학원에서 국제개발경제학 석사학위를 마치고 앤아버에 있는 미시간대 대학원 경제학 박사과정 입학허가를 받았다. 박사과정에 들어가기 전인 1992년 여름 한국을 방문했다. 아버지는 누나와 형들이 모두 결혼했기 때문에 막내인 나를 꼭 결혼시키겠다고 작정하신 모양이었다. 그런데 한국에 나온 나는 농촌 전도 활동 등으로 바쁘게 돌아다녔다. 아버지는 급한 마음에 여러 곳에 중매를 부탁하셨다. 그렇게 수차례 선을 봤는데 어느 순간 선을 보는 게 좀처럼 내키지 않았다. 그때부터 아버지와 팽팽히 맞서기 시작했다.

"결혼을 안 하면 미국에 절대 못 들어간다."
"아버지, 저는 결혼을 꼭 해야 한다고 생각하지 않아요."
한참을 고민하다가 아버지를 기쁘게 해드려야겠다는 생각이 들었다.
"좋습니다. 공부를 1년 늦추고 결혼한 뒤 미국에 다시 들어갈게요. 너무 걱정하지 마세요."

한국에 나왔을 때부터 작은 기도모임을 시작했다. 은사이자 신양적으로도 돌봐주셨던 박을용 박사님이 진지하게 부탁하셨다.

"용희야, 교회를 비판하고 돌을 던지는 사람이 많구나. 그런데 그 돌을 맞으며 교회를 위해 울며 회개 기도하는 사람이 없어. 네가 한국교회를 위해서 회개 기도하며 교회의 회복과 부흥을 위해 기도하는 모임을 좀 시작해야겠다."

온누리교회 장로이신 박 박사님은 한동대 부총장까지 역임하신 분이다. 세계은행에서 근무하다가 한국개발연구원(KDI) 국제교류협력센터 소장으로 오셨다.

'나도 부족한데 어떻게 한국교회를 위해 기도할 수 있을까.'
그래도 박 박사님의 말씀을 거절할 순 없었다. 순종하는 마음으로 가까운 친구들과 기도모임을 시작했다. 사역자와 중보기도자들이 주로 모였다. 다들 바쁘게 사역하고 있어서 매주 월요일 저녁시간을 잡았다. 모임 이름도 '월요기도모임'이라고 했다. 한국사회와 교회, 북한선교를 위해 집중적으로 기도했다. 기도모임은 온누리교회, 사랑의교회, 이화여대 다락방전도협회 채플 등에서 열렸다. 분야별로 전문성을 갖고 기도하기 위해 정치·경제·교육·문화 등 전문가들을 초청해서 특강을 청취한 뒤 기도제목을 정리해서 기도했다.

1993년 여름 박 박사님으로부터 연락이 왔다.
"용희야, 유엔개발계획(UNDP) 경제개발 프로젝트에서 일 좀 해야겠다."
"예? 저는 미국 박사과정 입학허가까지 받아 놓은 상태입니다."
"하나님의 뜻이 어디에 있는지 다시 한 번 기도해 봐."
'그래, 박사과정은 좀 늦어도 되니 UNDP 일을 하면서 결혼 문제부터 해결하자.' 한국에서 전혀 생각지도 않았던 직장생활이 그렇게 시작됐다.

그해 9월부터 UNDP에서 진행하는 아시아태평양지역 경제개발 프로젝트에서 내셔널 컨설턴트를 맡았다. 주 업무는 중국, 베트남, 몽골 등 과거 공산주의 국가들의 경제 담당 공무원들에게 시장경제를 교육시키는 것이었다. 인도, 파키스탄, 방글라데시, 인도네시아 등의 경제개발도 도왔다. 아시아태평양경제협력체(APEC) 경제개발분과 네트워크 코디네이터로 경제개발 프로그램과 국제행사 등을 진행했다. 과거 공산주의 국가에 들어가서 현지 공무원들과 교제하며 간접적으로 예수님을 소개할 수 있어서 좋았다. 무엇보다 저개발 국가를 도우면서 감사한 생각이 들었다. 한국전쟁 이후 선진국으로부터 구호물자를 받던 우리나라가 어려운 나라를 돕는 국가가 됐다는 사실에 하나님께 감사드렸다. 그러나 월요 기도모임과 UNDP 업무에 주력하면서 결혼은 계속 미뤄졌다.

1994년 유엔개발계획(UNDP) 내셔널 컨설턴트로 인도를 방문해 현지 경제 관료와 대화를 나누는 모습.

"사랑하면 힘들지 않습니다"

간절한 10년 기도에도 응답 없어 서운…
"아버지 천국서 치유" 말씀 듣고 감사

"아버지가 쓰러지셨다!"

1994년 8월 1일 서울 홍릉 한국개발연구원 사무실에서 유엔개발계획 업무를 보고 있는데 노태진 영동제일교회 목사님의 긴박한 목소리가 수화기 너머로 들려왔다.

"예? 뭐라고요?"

당시 아버지는 농촌 미자립교회 침술선교팀 총무를 맡고 계셨다. 75세의 고령에도 불구하고 다음날부터 시작되는 농촌전도 물품을 구입하려고 무더위에 청계천에 나갔다가 쓰러지신 것이다.

병원으로 뛰어갔다. 아버지는 의식이 없으셨다. MRI 촬영 결과 뇌경색이었다. 그날 밤 병원에서 아버지를 붙잡고 눈물로 간절히 기도드렸다. 기도모임 친구들도 소식을 듣고 병원에 달려와 밤새도록 함께 기도했다. 감사하게도 아버지는 이튿날 의식을 되찾으셨다. 그러나 언어장애와 반신마비가 왔다. 사랑하는 아버지가 말씀을 못하고 반신불수가 됐다는 사실이 처음에는 믿기지 않았다.

낮에는 직장생활을 하고 밤에는 아버지를 간병했다. 중풍환자들이 기저귀를 차면 욕창이 생긴다는 얘기가 있어서 기저귀를 사용하지 않았다. "어머니, 조금 힘이 들더라도 저랑 아버지 옆에 있다가 대소변을 그때그때 받아내도록 해요."

작은 인기척을 듣지 못해 소변을 제때 못 받은 적도 여러 번 있었다. 그때마다 몸을 다시 씻겨드렸다. 아버지는 고령이라 그런지 밤에 주무시다가 소변을 자주 봤다. 여러 번 잠을 깨서 소변을 받았지만 별로 힘들다는 생각이 들지는 않았다. 이런 말이 생각났다. '사랑하면 힘들지 않습니다.'

아버지의 병환이 지속되면서 어머니도 많이 늙으셨다. 종종 아버지를 모시고 올림픽공원이나 인천 부둣가로 산책을 나갔다. 한 번은 아버지와 어머니, 그리고 친구 목사님과 함께 동해안으로 여행을 가서 회도 먹고 부둣가를 따라 걸었다. 아버지께서 환하게 웃으시던 모습이 아직도 눈에 선하다.

그러나 아버지의 증세는 점점 나빠졌다. 치매 증상을 보이실 때도 있었다. 또 말씀으로 의사표현을 못하셨기 때문에 눈치로 아버지의 생각과 상황을 잘 헤아려 간병해야 했다. 그래서 이런 기도를 계속 드렸다. "주님, 저한테 아내를 주시려면 천사같은 자매를 보내주셔서 아버지를 사랑하며 잘 간병하게 해주세요." 마음 한구석에는 해외 업무와 단기선교 등으로 아버지의 임종을 지키지 못할까봐 무척 걱정됐다. "주님, 제가 아버지의 임종을 지켜보며 섬길 수 있게 해주세요."

2005년 1월 초, 아버지가 기침을 하시기 시작했다. 기침이 그치지 않아 국립의료원에 입원하셨는데 폐렴으로 확대됐다. 그리고 1월 31일 아침, 급하게 산소마스크를 쓴 아버지는 점점 의식을 잃어 가고 있었다. 마지막 임종시간에 아버지를 위해 간곡히 기도드렸다. 기도를 마치는 순간 아버지는 환한 얼굴로 숨을 거두셨다.

장례를 치르고도 마음 한구석에는 하나님께 대한 섭섭한 마음이 있었다. 10년 6개월 동안 하루도 빠짐없이 아버지의 치유와 천사 같은 아내를 주셔서 아버지를 잘 섬기게 해달라고 기도했지만 응답을 받지 못했다는 생각 때문이다. 그런데 어느 날 아버지를 회상하며 조용히 기도드릴 때 주님께서 이렇게 말씀하시는 것 같았다. "용희야, 지금 아버지는 천국에서 완전히 치유되셨단다. 너는 천사 같은 아내가 아버지를 간병하길 원했지만 지금 천국에선 천사들이 너의 아버지를 수종하고 있단다."

'그래, 주님께서 나의 기도에 모두 응답하셨구나.'
그때부터 감사기도가 터져 나왔다.

"주님,
부족한 제가 아버지를 위해 드렸던
모든 기도를 응답해 주셔서
진심으로 감사드립니다."

2000년 강원도 속초에서 뇌경색으로 거동이 불편한 아버지를 모시고 어머니와 함께.

누가 굶어 죽는 북한 동포들의 이웃이 되겠느냐?

북한동포 굶주림 외면하는 남한교회 회개 촉구…
北실상 알리는 자료 발송에 밤샘 일쑤

1992년 결성된 월요기도모임은 94년부터 북한을 위해 집중적으로 기도하기 시작했다. 북한은 그해 7월 8일 김일성 주석의 사망 이후 경제가 몰락했고 95년부터 이른바 '고난의 행군'이 시작됐다. 평양을 제외한 대부분 지역에선 식량 배급이 중단됐다. 배급에만 의지하던 북한 주민들은 속수무책으로 굶어 죽기 시작했다. 노인과 어린아이가 제일 먼저 희생됐다. 노인들은 어린 손주들부터 식량을 먹이려 양보하다가 죽어갔고 어린아이들은 영양실조를 버티지 못하고 죽어갔다. 설상가상으로 1996년 여름 콜레라가 창궐했다. 홍수가 나서 다리가 끊어졌다. 기근 속에서 콜레라가 번지자 황해도에서만 7월 한 달간 죽은 사람이 10만명이라는 뉴스를 접했다. 월요기도모임에서 이런 소식을 나누며 북한 동포들을 위해 간절히 기도했다.

1996년 7월 29일 월요일 저녁이었다. 이화여대 다락방전도협회 채플에서 월요기도모임 회원들과 북한 구원을 위한 기도를 하고 있었다. 어느 순간 영적 중압감에 더는 기도할 수 없는 상황이 됐다. 그때였다. 하나님께서 너무나 애절한 음성으로 우리를 부르시는 것 같았다. "누가 굶어 죽는 북한 동포들의 이웃이 되겠느냐?"

죽어가는 형제를 외면한 제사장과 레위인의 모습은 곧 우리 모습이었다. 여기저기서 통곡이 터져 나왔다. 복음을 들을 기회조차 얻지 못한 채 굶어 죽어가는 북한 동포들을 외면했던 남한 교회의 죄악을 회개하기 시작했다. 그리고 이튿날인 7월 30일부터 9월 30일까지 63일간 북한 구원을 위한 특별기도운동에 돌입했다. 특별기도운동 원칙은 다음과 같았다.

첫째, 하루 3번 식사기도 때 북한 동포들의 식량난을 위해 기도한다.
둘째, 하루 30분 이상씩 북한 동포를 위해 기도한다.
셋째, 63일간 릴레이 북한 구원 금식기도를 한다.
넷째, 8·15 광복절 1일 특별금식기도회를 갖는다.

63일 동안 회원들은 릴레이 금식을 하며 북한 동포들의 영육 구원을 위해 간절히 기도했다. "북한 동포들이 굶어 죽어가는 참혹한 상황입니다. 굶어 죽지 않으려고 목숨 걸고 압록강 두만강을 넘는 탈북민들의 비참한 삶을 알립시다!" 회원들은 북한의 처참한 현실을 남한의 모든 교회에 알리기로 했다. 인쇄물을 만들어서 전국 5만여 교회에 발송하기로 했다.

마침 유엔개발계획(UNDP)에서 3일 휴가를 얻은 상태였다. 아버지께서 중풍으로 말씀을 못 하시고 반신불수가 되어 아버지의 치유를 위해 3일 금식기도를 하기 위해서였다. 조용한 기도 처소에서 기도를 시작했는데 이상하게도 3일 동안 중풍에 걸린 아버지가 아닌 북한 동포들의 영육구원을 위한 기도만 나왔다. 정말 이해가 안 되는 특별한 체험이었다. 금식기도를 하면서 남한교회에 북한의 처참한 상황을 알리며 각성을 촉구하는 글을 썼다.

월요기도모임 회원들과 3주간 밤마다 봉투 작업을 해서 5만여 교회에 북한 실상을 알리는 자료를 발송했다. 대부분 직장인이었기 때문에 아르바이트생을 고용할까도 생각했다. 그런데 한 회원이 이렇게 말했다. "북한을 살리기 위해서 남한교회에 보내는 편지를 회원들이 간절히 기도하는 마음으로 직접 보내야 하지 않겠습니까?" 이 말에 우리는 모두 동의했다.

회원들은 퇴근 후 밤새 발송 작업을 했다. 수면이 부족했다. 오전에 근무를 하면서 졸음이 쏟아져 참을 수 없을 때는 화장실에서 10~20분씩 눈을 붙이고 나오기도 했다. 극동방송에서 북한 상황을 알리는 방송도 했다. 직장 동료들은 그런 나를 진심으로 도와줬다. 내가 출연한 극동방송을 청취한 한 동료는 북한 동포를 살리는 일에 사용해 달라며 금일봉을 건넸다.

1996년 경기도 남양주 기도원에서 월요기도모임 회원들과 함께 북한 구원을 위한 기도회를 열고 있다.

그렇게 여러 날
북한 동포들을 위해 울었다.

中 단기선교팀 충격적 보고에 놀라…
비밀리에 구출 사역자들 후원 시작

"하나님,

북한 동포를 향한 예수님의 마음을 저에게 부어주십시오!"

1996년 7월 29일 월요기도모임이 있었던 그날 밤 나는 이렇게 하나님께 간절히 기도드렸다. 그때부터 밤이나 낮이나 북한 동포들의 고통이 느껴지기 시작하는데 견딜 수가 없었다. 점심시간 직원식당에서 음식을 앞에 놓고 식사기도를 할 때였다. 북한 동포들이 굶어서 쓰러지고 고통스러워하는 모습들이 떠올랐다. 눈물이 쏟아지기 시작했다. 옆에서 식사하는 동료들이 민망했는지 조용히 자리를 떠났다. 북한 동포들을 생각하면 가슴이 미어지듯 아팠다. 자다가도 깨어나 북한 동포 생각에 더 이상 잠을 이루지 못하고 오열하며 주님께 기도했다. 그렇게 여러 날 북한 동포들을 위해 울었다.

어느 날 중국 단기선교를 다녀온 월요기도회 선교팀이 귀국 후 집으로 가지 않고 곧바로 기도모임에 왔다. 그들은 울면서 충격적인 보고를 했다. 중국과 북한의 접경지인 한 도시에서 북한 보위부원들이 중국 공안으로부터 탈북민들을 넘겨받아 북한으로 끌고 갔다는 것이었다. "중국 사람들이 보는 앞에서 북한 보위부원들이 탈북민들을 사정없이 때리고 손바닥을 합장시킨 뒤 거기에 구멍을 뚫었습니다. 그리고 철사로 굴비 꿰듯이 줄줄이 꿰어 북한으로 끌고 가는 것을 목격했습니다."

그 장면을 본 선교팀은 큰 충격을 받았다. 이들은 북한 구원을 위해 기도하는 월요기도모임에 이 사실을 알리기 위해 한국에 도착하자마자 단숨에 달려왔다고 했다. 보통 사람들이 상상조차 하기 힘든, 너무나 잔혹한 상황을 듣고 나니 한동안 가슴이 먹먹해서 아무 말도 할 수 없었다. '같은 국민으로서 어떻게 사람을 그렇게 잔인하게 다룰 수 있을까?'

이날 밤 기도모임 참석자들은 다같이 울면서 주님께 부르짖었다. "주님, 우리 북한 동포들을 제발 살려주십시오. 우리가 탈북민들을 구출하겠습니다. 더 이상 중국 공안에 붙잡혀서 강제북송당하지 않게 도와주세요."

그때부터 기도 중심으로 운영되던 월요기도모임은 탈북자 구출운동에 나섰다. 비밀리에 북한 선교사역과 탈북자 구출 사역을 하는 분들을 후원했다. 그리고 탈북민 구출 사역자들을 초청해 그들의 사역 이야기를 듣고 기도제목을 나누며 함께 기도했다. 이렇게 북한 선교 사역과 탈북민 구출 사역을 시작한 지 어느덧 26년이 되었다.

탈북민 사역을 진행하면서 막연하게 들었던 북한의 현실을 구체적으로 알게 됐다. 탈북민들이 생생하게 들려주는 북한 이야기는 너무나 충격적이었고 우리의 상상을 초월했다. 고난의 행군 시기에 많은 사람이 굶어 죽으면서 여러 지역에서 인육을 먹는 사건들이 발생했다. 이런 흉흉한 소문도 있었다. '사람이 너무 오래 굶으면 정신착란 증상이 온다. 어떤 부모는 기어 다니는 것이 닭이나 개로 보여 잡아먹었다. 나중에 정신이 들고 보니 자기 자식이었다.' 인육을 먹는 사태가 다수 발생하다 보니 북한 정권에서는 인육사건 처리 규정까지 만들어 각 지역 보위부에 시달할 정도였다. 한 탈북민은 이 문건을 숨긴 채 탈북한 뒤 한국 언론에 제보하기도 했다. 인육사건은 고난의 행군 시기를 겪었던 탈북민들에게 쉽게 들을 수 있는 이야기였다.

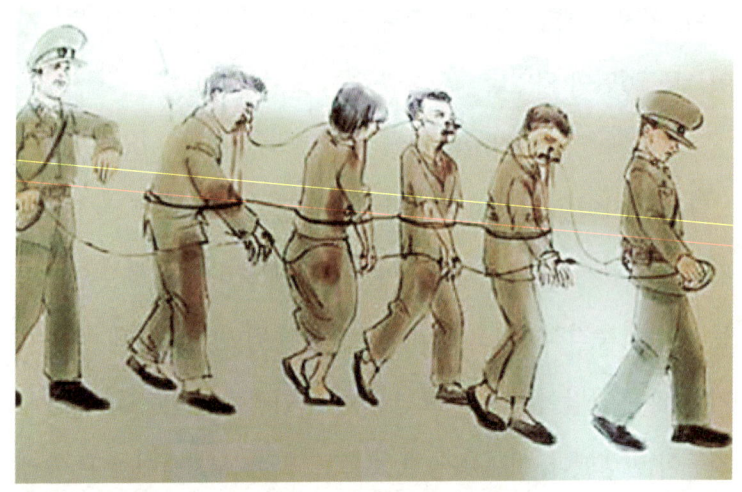

탈북민들의 증언을 토대로 제작된 '살려주세요. 반인륜 범죄의 현장, 북한교화소 이야기'에 수록된 삽화. 탈북민들이 철사에 손과 코가 꿰인 채 끌려가고 있다. (북한인권제3의길 제공)

UNDP 그만두고
'이대 다락방' 총무직 맡고 보니…

그동안 모임 줄고 영적으로 많이 침체…
대학생들 집회 후 술집으로 향하기도

96년 9월 북한 동포들을 위해 뜨겁게 기도하고 있을 때였다. 이화여대 다락방전도협회 사무총장이었던 전재옥 이화여대 신학대학원장님으로부터 연락이 왔다. "이화여대 다락방에서 총무직을 맡아주십시오."

총무직은 통상 목사님들이 풀타임으로 맡았다. 그런데 다락방전도협회 졸업생 출신으로 평신도인 나에게 총무직을 제의한 것이다. 목회자도 아닌 내가 이화여대 다락방전도협회 총무라는 직책을 맡는 건 쉬운 일이 아니었다. "2주간 생각할 수 있는 시간을 주십시오."

전재옥 이화여대 다락방 사무총장님께 말씀을 드리고 기도를 시작했다. 1996년 여름은 북한을 위해서 63일 동안 매일 드렸던 기도와 릴레이 금식기도, 전국 5만여 교회에 북한의 참상을 알리는 유인물을 보내느라 정신이 없었다. 게다가 중풍으로 반신불수가 되신 아버지까지 간병하고 있었다. 그런데 더욱 어려운 제안이 들어온 것이다. 갈수록 태산이었다. 아버지를 돌봐야 했기 때문에 직장을 그만두고 풀타임으로 총무직을 수행한다는 것은 적합하지 않았다. 2주가 지났다.

"사무총장님, 제가 풀타임으로 총무직을 맡긴 어렵습니다. 대신 지금 맡고 있는 유엔개발계획(UNDP) 컨설턴트직을 내려놓고 대학으로 직장을 옮기겠습니다. 그래서 다락방 총무와 교수직을 병행하며 섬기겠습니다. 학기 중에는 1주일에 3일을 이화여대 다락방에 와서 일하고 방학 때는 매일 출근하도록 하겠습니다. 그리고 제가 평신도이므로 자비량 사역자로 일하겠습니다."

그러나 UNDP에서 사표가 곧바로 처리되지 않았다. 그래서 96년 9월부터 이화여대 다락방 총무와 UNDP 컨설턴트 일을 동시에 하게 됐다. 총무직 결정을 앞두고 많이 고민했지만 맡게 된 결정적인 이유는 서강대 재학시절 이화여대 다락방에서 받았던 복음의 빚을 갚아야 한다고 생각했기 때문이다. 총무직 수락 여부를 놓고 기도할 때 대학 2학년 시절 농촌 전도 수련회에서 예수님을 인격적으로 영접하고 예수의 제자로 살겠다고 다짐했던 일들이 떠올랐다. 또 대학생연합회 회장을 하면서 전국의 농촌 전도팀을 섬기고 대학생 후배들을 가르쳤던 소중한 기억들이 생각났다. '그래, 믿음의 고향이자 나를 그리스도인으로 훈련시켜 준 이화여대 다락방이 나를 필요로 한다면 하고 순종

하는 것이 맞다.'

당시 다락방 대학생 모임이 영적으로 많이 침체돼 있었다. 후배들에게 그 빚을 갚아야 한다는 책임감이 느껴졌다. 총무직을 수락한 뒤 97년 봄 학기부터 대학에서 전임교수로 일하게 됐고 지금까지 가천대에서 학생들을 가르치고 있다.

총무로 부임해 보니 이화여대 다락방은 내가 대학생 때 활동하던 선교단체가 아니었다. 과거에는 8개의 대학생 모임이 있었고 200~300명 정도가 20여개 팀을 꾸려 전국으로 농촌 전도를 나갔었다. 그런데 내가 총무를 시작했을 때는 대학생 모임 수가 대폭 줄어 있었다. 농촌 전도 참가자도 70~80명밖에 되지 않았다. 더욱 심각한 것은 대학생 모임의 신앙 열기가 사라졌다는 것이다. 어떤 대학생 모임은 집회 후에 술집으로 향하는 경우도 있었다. 성악을 전공한 찬양 모임은 예배 때 찬양 후 설교도 듣지 않고 곧바로 나가버렸다. '자신의 역할은 찬양이니 설교를 들을 필요가 없다'는 논리였다. 영적으로 침체된 모임을 다시 회복시키는 것은 새롭게 모임을 개척하는 것보다 훨씬 힘들었다. 유학과 직장생활로 이화여대 다락방에 직접적으로 관여하지 않다가 다시 돌아와 보니 너무도 많이 변해 있었다. 고려 말 신하였던 길재가 조선이 들어선 이후 고려의 융성했던 수도 개성이 쇠락한 것을 보고 인생무상을 느끼며 지었던 시조가 떠올랐다.

오백년 도읍지(都邑地)를 필마(匹馬)로 돌아드니
산천(山川)은 의구(依舊·옛날 그대로 변함없다)하되
인걸(人傑)은 간 데 없다
어즈버 태평연월(太平烟月)이 꿈이런가 하노라.

1997년 5월, 필자(앞줄 왼쪽 첫 번째)가 이화여대 다락방전도협회 총무일 때 전재옥 다락방전도협회 사무총장(앞줄 왼쪽 두 번째), 협회 간사 등과 함께 기념촬영을 하고 있다.

새 술은 새 부대에, 대학생 모임 부흥

성령체험한 대학생들 술·담배 끊어…
교역자 새로 세우고 매일 "부흥" 기도

이화여대 다락방전도협회 총무를 맡으며 깊은 고민에 빠졌다. '어떻게 하면 대학생들이 다시 회개하고 부흥을 경험할 수 있을까?' 거의 매일 이 문제를 놓고 씨름하듯 기도했다. 주님 앞에서 독대하며 이화여대 다락방을 주님께 올려드리며 기도했다. "주님, 우리의 죄악을 용서하시고 회복과 부흥을 주시옵소서!"

침체된 대학생 모임을 부흥시키기 위해선 각고의 노력이 필요했다. 혼자서 이 일을 감당한다는 것은 역부족이었다. 함께 동역할 사역자들을 찾았다. 지금은 미국 로스앤젤레스에서 목회하는 김인철 목사, 해외선교 중인 최진희 허은아 선교사, 김진희 간사, 김영진 교수, 정성희 목사, 박현태 목사, 조문상 선교사 등 많은 분이 다락방 사역에 헌신하며 자비량으로 섬겼다. '새 술은 새 부대에 담는다'는 말처럼 복음적이면서도 성령 충만한 사람들을 대학생 모임의 교역자로 임명했다. 이들이 말씀과 기도를 강조하며 열정적으로 지도하기 시작하자 모임의 영적 분위기가 서서히 바뀌기 시작했다.

여름과 겨울 농촌전도와 단기선교를 출발하기 전에 'WITNESS(복음의 증인)'라는 주제로 전도수련회를 가졌다. 젊은이들이 말씀과 기도에 집중하여 성령의 권능을 받고 담대한 복음의 증인이 되도록 하기 위함이었다. 3박4일 수련회에서 많은 대학생이 큰 은혜를 받았다. 주간에는 성경공부와 전도 훈련을 했다. 밤에는 신앙 부흥회를 개최했는데 참가한 대학생들은 울면서 자신의 죄악을 철저히 회개했다. 전도를 앞두고 담대한 복음 증거를 위해 성령의 권능을 받는 특별한 시간이었다.

정기적인 'WITNESS' 전도수련회 이후 대학생 모임은 갈수록 믿음 가운데 세워져 갔다. 전도수련회를 통해 많은 대학생이 성령을 체험하고 술·담배를 끊고 예수의 젊은이로 거듭나기 시작했다. 대학생 모임이 끝난 후 술집을 드나들던 구습은 사라졌다. 또 찬양만 드리고 설교 전에 빠져나갔던 찬양 선교단도 예배를 끝까지 드리며 온전한 예배자로 세워졌다. 이들은 농촌전도와 단기선교를 다녀온 뒤 각 모임에 돌아가서 부흥의 불씨가 됐다.

처음 총무를 맡았을 때 대학생연합집회를 개최하면 참석인원이 20여명에 불과했다. 2년 뒤인 98년 겨울 의정부 동신수양관에서 열린 전도수련회에는 400여명이 참가했다. 참가자들은 '복음의 증인이 되기 위해 성령의 권능을 달라'고 온밤을 부르짖었다. 후배들이 변화하는 모습을 보면서 78년 서강대 2학년 시절 이화여대 다락방 전도수련회를 통해 주님을 영접했고 예수의 제자로 헌신했던 추억이 떠올랐다.

처음 총무를 맡으면서 유엔개발계획(UNDP)에 사표를 제출했으나 '진행 중인 프로젝트가 끝날 때까지 내셔널 컨설턴트직을 계속 수행하라'는 답변이 돌아왔다. 97년부터 대학 전임교수로 임명됐다. 이대 다락방 총무 업무는 갈수록 많아졌다. 밤에는 아버지의 병간호를 해야 했다. 이렇게 여러 가지 일을 동시에 하려니 시간이 절대적으로 부족했다. 자연스레 수면 시간이 대폭 줄었고 졸음운전을 하기 일쑤였다. 한 번은 일을 마치고 이대 다락방으로 가기 위해 청계고가를 지나고 있었다. "끼이익, 끼이익." 깜빡 잠이 들었는데 쇠가 긁히는 소리가 크게 났다. 깜짝 놀라 눈을 떠보니 내 차가 청계고가 벽을 긁으며 올라가고 있었다. 아찔했다. 급브레이크를 밟았다. 백미러로 뒤를 보니 뒤따라오던 차들이 놀라서 멀찌감치 서 있었다. 지금도 그때를 생각하면 웃음이 난다. 안전하게 모든 사역을 감당할 수 있었던 것은 주님의 전적인 은혜였다.

1997년 8월 이화여대 다락방전도협회 총무 시절 이대 다락방 단기선교팀과 오만에서 기념촬영을 하는 필자(가운데).

제3장

내가
여기 있나이다

나를
보내소서

내가 또 주의 목소리를 들은즉
이르시되
내가 누구를 보내며
누가 우리를 위하여 갈꼬
그 때에 내가 가로되
내가 여기 있나이다
나를 보내소서

사 6:8

"한국교회가 유럽에 선교사를 파송해 주십시오!"

순결·지옥 등 토론하며 원칙론 펴자
"이제는 한국서 선교사 파송해 달라"

1998년 8월 이화여대 다락방전도협회 2년 총무 임기를 마쳤다. 총무직을 맡을 때부터 2년만 자비량으로 봉사할 생각이었다. 임기를 마친 후에도 다락방 이사와 제자훈련원장, 재정부장 등으로 일했다. 많은 대학생들이 다락방에 와서 예수님을 만나고 복음의 증인이 되는 것을 지켜보는 것은 내게 큰 축복이었다.

2005년 여름 동료 교수들과 유럽을 순방하는 기회가 생겼다. 유럽 순방을 마친 후 독일 마리아 기도공동체, 프랑스의 테제 공동체 등 유명한 기독교 공동체를 방문했다.

테제 공동체를 방문했을 때의 일이다. 많은 유럽 젊은이들이 모여서 찬양하며 말씀을 나누는 모습이 인상적이었다. 성경공부 시간이 됐다. 나는 교회별로 청년들을 인솔해 온 교회 지도자들과 한 조가 되었다. 우리 조에는 목사님과 신학자, 목회자 사모님 등이 있었다. 함께 성경 토론을 하면서 유럽의 신앙적인 관점이 한국과 너무 다르다는 것을 실감했다.

한번은 '순결'이라는 주제가 나왔다.

"결혼 이외의 성관계는 간음죄입니다."

내 말에 여러 사람들이 이상하다는 듯 쳐다봤다.

"이성 간에 서로 좋아하면 성관계를 할 수 있는 것 아닙니까?"

"다시 말씀드리지만 성경은 간음이 죄라고 말씀합니다."

"우리가 어떻게 성경의 기준대로만 살 수 있습니까?"

그들은 나를 외계인 보듯 했다. 다음 날 성경공부 시간에도 마찰은 계속됐다.

'지옥'이라는 주제였다.

"예수님을 믿지 않으면 지옥에 갑니다."

내 말에 네덜란드에서 온 신학자가 맞받아쳤다.

"하나님은 사랑이시라 지옥은 없습니다.

만약에 지옥이 있다면 그 지옥은 텅텅 비어 있을 것입니다."

나를 제외하고 네덜란드 신학자의 말에 모두 고개를 끄덕였다. 나는 예수를 믿지 않으면 구원받지 못한다는 성경말씀을 인용했다. 그러나 성경말씀이 절대 진리로 받아들여지지 않는 분위기였다. 그런다고 해서 물러설 수 없었다. 분위기는 점점 냉랭해졌다.

1주일이 흘러 마지막 성경공부 시간이 됐다. 헤어지는 시간까지 설전을 벌이는 게 좀 민망하게 느껴졌다. 내가 발표할 차례가 됐다. 주제를 바꿔 대학 시절부터 진행했던 농촌전도를 간증했다. 여름과 겨울, 방학 때마다 농촌 미자립교회를 찾아가 자비량으로 전도했던 일들을 나눴다. "새벽 예배를 드린 후 유초등부 학생들을 모아놓고 성경학교를 했습니다. 오후에는 집집마다 방문해서 축호전도를 했고 중·고등부 성경학교를 진행했죠. 저녁에는 마을 주민들 모두를 초청해서 전도 집회를 열었습니다. 또 전도 집회 때 예수님을 구주로 영접할 사람은 손을 들라고 했어요. 손을 든 사람들에게는 준비해 간 성경책을 무료로 나눠줬습니다."

유럽 각국에서 온 청년부 지도자들은 아무 말 없이 내 간증을 들었다. 이전과 다른 숙연한 분위기였다. 성경공부가 끝날 무렵 한 목사님이 나에게 진지하게 요청했다. "이 교수님, 이전에는 우리가 한국에 선교사를 파송했습니다. 그런데 이제는 우리가 당신들의 도움이 필요한 상황이군요. 한국교회가 유럽에 선교사를 파송해 주십시오!"

그의 말을 듣고 깜짝 놀랐다. 1주일간의 성경공부 때 팽팽한 격론을 벌이며 서로의 입장차만 확인했기 때문이다. 논쟁을 하면서 나도 괴로웠지만 그들 또한 부담스러웠던 것 같았다. 그들은 자존심이 강했다. 기독교의 오랜 전통을 간직하고 있었기 때문이다. 아시아에서 온 한 성도가 성경을 원칙대로 주장한 일은 그들의 무뎌진 신앙 양심을 일깨운 계기가 되었던 것 같다.

최근 동성애 차별금지법 통과 이후 영적 위기에 놓인 유럽교회와 미국교회를 생각할 때마다 테제 공동체에서 만났던 유럽 목사님의 부탁이 다시 떠오른다.
"이제는 한국이 우리에게 선교사를 보내주십시오."

2005년 프랑스 방문 당시 개선문을 배경으로 기념사진 한 컷.

―
태어나서부터
밀린 십일조 몰아서 내기

자비량 등 5가지 원칙 정해 '섬김 전도'…
마지못해 나왔던 어른들 주님 영접

이화여대 다락방전도협회 일을 하면서도 교회생활을 절대 게을리해서는 안 된다는 생각을 갖고 있었다. 그래서 서울 강남구 논현동 영동제일교회(노태진 목사)에서 교사와 성가대 총무로 봉사했다.

1984년 12월부터 청년부 담당 사역자가 됐다. 보통 부교역자가 맡는 자리인데 이화여대 다락방 사역과 백골부대 군종활동 등을 눈여겨보신 담임목사님이 과감하게 청년 사역을 맡기셨다. 유학기간을 제외하고 84년부터 87년까지, 또 94년부터 2009년까지 주일 청년부 예배에서 말씀을 전했다. 토요일에는 청년부 조장들 성경공부 모임을 진행했다.

이화여대 다락방에서 농촌 전도를 다녔던 경험을 토대로 교회 청년들과 여름·겨울에 농어촌 미자립 교회로 농촌 전도를 나섰다. 전도에 집중하기 위해 다음과 같은 전도수칙을 정했다.

전도수칙

첫째, 자비량 전도이기 때문에 전도의 모든 비용은 전도대가 부담하고 농촌 교회에 경제적 부담을 주지 않는다. 따라서 전도대원들은 자기 밥값과 교통비 등을 전도회비로 내야 하며 농어촌 교회에 전도대원들이 밥값을 지불한다.

둘째, 단정한 옷차림으로 전도하며 지역민들을 공손한 자세로 섬긴다. 전도활동을 할 때 반바지, 소매 없는 상의, 슬리퍼 등은 착용할 수 없으며 지역민들에게 깍듯하게 예의를 갖춘다.

셋째, 지도자의 명령에 절대 복종하고 어떠한 경우에도 불평하지 않으며 군것질하지 않는다.

넷째, 이른 아침부터 밤까지 전도에만 집중하며 전도 이외의 활동은 일절 하지 않는다. 친교나 오락 시간을 갖지 않으며 전도 일정을 마친 뒤에는 곧바로 교회로 복귀한다.

다섯째, 전도 기간 중 관광이나 별도의 여행을 하지 않으며 전도지에서 쇼핑을 하지 않는다.

이런 원칙을 갖고 전도를 하니 많은 열매를 맺었다. 농촌 교회에서도 고마워했다. 노인들이 그늘에서 돗자리를 깔고 앉아계시면 먼저 맨땅에 엎드려 큰절을 올렸다. "서울에서 이 지역 교회로 전도하러 온 청년들입니다. 시간이 되시면 전도 집회에 꼭 와주세요." 어르신들에게 안마를 해드리고 찬송가도 불러드렸다. 상황이 허락되면 짧은 간증과 말씀도 나눴는데 많은 어르신들이

좋아했다. 날마다 찾아가니 마지막 날에는 미안해서라도 전도 집회에 나온 분이 많았다. 그 중 목사님의 설교말씀을 듣고 예수님을 영접하는 어르신이 많았다. 주님을 영접한 분들의 성명과 주소를 파악해 농촌 교회 목사님께 넘겨드렸다. 4박 5일의 농촌 전도는 참으로 소중한 시간이었다.

1992년 7월 노태진 목사님이 담임으로 부임하셨다. 교회가 부흥하기 시작했고 교회 건축이 시작됐다. 유학을 다녀온 후 94년 1월부터 다시 교회 청년부 지도자로 임명됐다. 90년대는 해외여행이 자유로워져서 농촌 전도와 해외 단기 선교를 병행했다. 95년 1월 담임목사님을 모시고 청년들과 필리핀 마린두게섬 원주민 선교를 시작했다. 지금까지 대만, 캄보디아, 태국, 인도, 네팔, 러시아 등을 방문해 복음 전파에 힘쓰고 있다. 단기 선교에서 은혜를 받은 청년들은 2~3개월간 방학 선교, 1년 자비량 선교 등으로 헌신했으며, 이들 중에는 선교사로 나가거나 신학을 공부하는 형제들도 있다.

93년 1차 예배당 건축이 시작됐다. 2차 공사는 97년부터 시작됐으며 98년 말 성전 봉헌 예배를 드렸다. 교회 건축이 시작되면서

2차 건축 헌금을 작정할 때는 당시 1년 연봉이 넘는 금액을 작정했다. 건축 공사가 끝나기 전 작정 헌금을 드리기 위해 최대한 돈을 아끼며 모았다. 건축헌금을 위해 적금도 들었다. 드디어 적금 만료일이 됐을 때 수표로 건축헌금을 준비했다.

사람이 어찌 하나님의 것을 도둑질하겠느냐
그러나 너희는 나의 것을 도둑질하고도 말하기를
우리가 어떻게 주의 것을 도둑질하였나이까 하는도다
이는 곧 십일조와 봉헌물이라.
(말 3:8)

하필이면 건축헌금을 위해 부었던 적금을 타는 날 십일조와 관련된 성경 말씀이 떠올랐다. 하나님의 것을 도둑질했다는 생각이 들었다. '건축헌금을 드려야 하나, 아니면 밀린 십일조부터 먼저 드려야 하나.'

나는 30세부터 십일조 생활을 했다. 그래서 태어나서부터 30세 이전까지 모든 수입을 계산했다. 어렸을 때 부모님께 받았던 용돈, 대학 시절 아르바이트 급여, 영국은행에서 직장생활하며 받은 월급 등을 모두 합산했다. 그리고 밀린 십일조에 대해 당시 은행 이자를 적용했다. 공교롭게도 만기일에 받은 적금 총액과 일치했다. 수표로 준비했던 건축헌금을 십일조로 드렸다. 감사하게도 건축헌금은 다시 채워서 기간 내에 드릴 수 있었다.

1990년대 중반 서울 영동제일교회에서 노태진 담임목사(앞줄 왼쪽 세 번째)와 성가대원, 청년들과 함께. 앞줄 맨 오른쪽이 필자.

종일종야 24시 기도의 부르심과 일치된 순종

신촌에 국가 위한 24시 기도 센터 마련…
'1주일에 40시간 기도' 자원자까지

2005년 여름 독일 마리아기도공동체, 프랑스 테제공동체를 다녀온 후 국가와 북한 구원을 위해 기도하는 월요기도모임에 참석할 때마다 주님은 이런 부담을 주셨다. '국가의 총체적인 위기다. 한국이 영적인 위기, 도덕적인 위기, 정치적인 위기에 있다. 북한 주민들은 복음을 들을 수 있는 기회조차 갖지 못한 채 김일성 김정일 동상과 초상화에 절하다가 죽어가고 있다.' 그리고 성경말씀이 떠올랐다.

예루살렘이여
내가 너의 성벽 위에 파수꾼을 세우고
그들로 하여금 주야로 계속 잠잠하지 않게 하였느니라
너희 여호와로 기억하시게 하는 자들아
너희는 쉬지 말며
(사 62:6)

주님께서 주야로 쉬지 않고 간구하는 기도의 파수꾼들을 찾으신다는 감동이 있었다. 그런데 나는 주님의 부르심을 애써 외면했다. '주님, 저는 적임자가 아닙니다. 저도 할 수 없는 일을

다른 사람들에게 어떻게 하자고 하겠습니까. 분명 다른 사람이 있을 것입니다.'

부담감은 12월까지 계속됐다. 주님께서 다시 내 마음에 이런 감동을 주셨다. '내가 남북한을 위한 기도자들을 세워 매일같이 쉬지 않는 기도를 진행하려고 한다.' 어느 순간 주님의 일을 내가 막고 있다는 책망감이 느껴졌다. '주님, 좋습니다. 그러면 제가 월요기도모임에 가서 일단 말은 해보겠습니다. 결과는 주님 책임입니다.'

12월 월요기도모임 시간이었다. 약 30명이 모인 자리에서 지난 9월부터 주님이 내게 주셨던 부담을 진솔하게 나누었다. 그런데 참석자 모두가 진지하게 나의 고백을 경청했다. 그리고 모든 사람이 '아멘'으로 답했다. 한마음으로 기도의 부르심에 순종한 것이다. '아, 일치된 순종이란 이런 것이구나!'

곧이어 어떻게 하면 매일같이 주야로 기도할 수 있을지 상의했다. 결론은 2006년 2월 중보기도학교 수련회를 갖고 기도 헌신자들을 받아서 24시간 기도센터를 운영하자는 것이었다. 내

집은 만민이 기도하는 집이라(사 56:7)는 성경말씀대로 누구나 와서 기도할 수 있는 기도의 집을 시작하기로 했다.

2006년 2월 월요기도모임 회원 30여명이 참석한 가운데 3박 4일 중보기도학교 수련회를 개최했다. 마지막 날 밤 기도 헌신자를 초청했다. '24시 기도의 집'에 와서 1주일에 40시간 이상 기도하겠다는 헌신자가 2명, 20시간 이상 기도할 사람은 16명이 나왔다. 그 외의 사람들은 자기 형편대로 1주일에 5시간, 7시간, 12시간 등 각각 기도하기로 정했다. 그해 5월 26일 드디어 서울 신촌에 기도 공간을 마련하였다. 작은 사무실이었는데 기도 헌신자들이 각자 작정한 시간대로 기도를 시작했다. 매일 주야로 하나님 나라를 이루기 위한 기도의 제단이 세워졌다. 대학문화의 최첨단인 신촌에서 거룩한 대한민국과 복음통일을 위한 24시간 기도운동이 시작된 것이다.

2006년 5월 서울 신촌에서 월요기도모임 회원들과 함께 '24시 기도센터'를 시작했다. 가운데 건물 7층 사무실에서 국가를 위한 24시간 기도운동이 시작됐다.

7000 에스더 단식 국가기도성회

2007년 3,000명이 민족 위해 첫 기도…
예루살렘·시드니 등 전 세계서 동참

2006년 7월 7일 이화여대 다락방전도협회 채플에서 월요기도모임 회원과 평양대부흥 100주년 기도팀 등이 연합 금요철야기도회를 가졌다. 한 기도자가 마이크를 잡고 이런 제안을 했다.

"평양대부흥 100주년이 되는 2007년 1월 첫 주에 7000명의 성도들이 모여 기도합시다. 이 민족을 살리기 위해 구약의 에스더처럼 먹지도 마시지도 않고 3일 동안 단식하며 주님께 나아갑시다."

이제 막 국가를 위한 24시간 기도 사역을 시작한 월요기도모임 30여명에게 '7000 에스더 단식국가기도성회'는 어마어마한 일이었다. 그러나 이 단식성회가 국가적 위기를 돌파하는 하나님의 특별한 제안임을 느끼며 '아멘'으로 순종했다.

그해 10월 에스더 단식성회를 위한 사무실을 서울 신촌에 열었다. 하나님의 도우심으로 이듬해 1월 4~6일 경기도 파주 오산리최자실기념금식기도원 전체를 빌릴 수 있었다. 이때부터 월요기도모임 회원들은 발바닥에 땀이 나도록 사방팔방으로 뛰기 시작했다. 제정신이 아니었다. 에스더 단식성회에 대한 부르심으로 성령께 사로잡혀 용감하게 돌진했다. 그랬더니 많은 교회들이 주일 대예배와 성탄예배, 송구영신예배 중에도 에스더 단식성회를 소개하며 홍보 동영상을 전 교인에게 보여줬다.

밤에는 철야기도를 하고 낮에는 땀이 나도록 뛰어다니는 기도자 30여명의 모습은 실로 인상적이었다. 눈만 뜨면 월요기도 모임 회원들의 입에서 에스더 단식성회가 터져나왔다. 정신없이 2개월이 지났다. 미약하고 작은 무리, 30여명의 기도자들이 자신의 시간과 물질을 전적으로 드렸다. 그때 주님께선 보잘것 없는 작은 무리들을 통해 기도의 큰 군대를 소집하셨다.

드디어 2007년 1월 4일. 오산리최자실기념금식기도원에 3,000여 명의 기도자들이 에스더 단식성회로 모였다. 지금은 원로가 되신 김진홍(두레교회)·김상복(할렐루야교회) 목사님 등이 강사로 섰다. 참가자들은 에스더처럼 3일간 먹지도, 마시지도 않고 각자의 죄악과 민족의 죄악을 철저히 회개했다. 몸이 축 처지고 입안이 바짝바짝 말랐다. 입천장에 달라붙는 혀를 물수건으로 닦아내며 기도회를 인도했다.

"남한에 관영한 음란과 낙태와 동성애, 물질숭배의 죄악, 그리고 한국교회와 성도들이 빛과 소금이 되지 못한 죄악을 용서하소서. 북한에서 자행되는 김일성 김정일 우상숭배의 죄악과 각종 인권유린의 죄악을 용서하옵소서. 이 민족의 죄악으로 하나님의 심판이 임하지 않도록 주님의 긍휼을 베풀어 주시고 속히 복음 통일을 이루게 하옵소서."

에스더 단식성회는 전 세계에서 진행됐다. 고국의 위기를 극복하기 위해 많은 교포들이 기도운동에 동참했다. 1월 1~3일에는 이스라엘 예루살렘, 호주 시드니, 캐나다 밴쿠버, 미국 오클라호마 시애틀 등에서 먼저 열렸다. 2~4일에는 미국 시카고와 애리조나에서, 3~5일에는 미국 캔자스에서도 열렸다. 특히 이 기간에 북한 지하교회와 중국 가정교회에서도 함께 기도할 수 있도록 현지에서 사역하는 선교사님들에게 기도제목을 전달했다.

에스더 단식성회를 마치고 서울지역 참석자들이 1월 둘째 주부터 자발적으로 모이기 시작했다. 매주 금요일 자신의 교회에서 금요 심야기도회를 마치고 달려와 밤 11시30분부터 이튿날 새벽 5시까지 금요철야기도회를 가졌다. 지금의 에스더기도운동은 그렇게 시작됐다. 에스더기도운동의 사역은 북한 24시 기도의 집 운영, 북한 기도선교사 훈련·파송, 탈북민 구출, 미디어선교, 금식기도성회 개최, 이슬람권·이스라엘 선교, 동성애·차별금지법 반대운동 등 국가를 위한 더 깊은 차원의 기도운동으로 점점 확대됐다.

2007년 1월 4~6일 경기도 파주 오산리최자실기념금식기도원에서 열린 '7000 에스더 단식국가기도성회'에서 참석자들이 간절히 기도하고 있다.

악한 자의 입으로
말미암아 무너지느니라 잠 11:11

'안티 세력'에 대적할 137명 모아
'밝은인터넷세상만들기운동' 출범

2007년 에스더기도운동 금요철야기도회가 서울 온누리교회 기쁨홀에서 밤 11시30분부터 새벽 5시까지 진행됐다. 갈수록 기도의 열기가 뜨거워졌다.

그해 7월 분당 샘물교회 의료봉사팀이 아프가니스탄에서 이슬람 탈레반 무장 세력에 의해 무참히 살해당하는 사건이 일어났다. 당시 대다수 언론과 인터넷에선 의료봉사팀에 대해 '위험한 곳으로 단기선교를 떠났다'는 비판이 쏟아졌다. 8월 6일 영국 BBC방송은 이런 현상을 다음과 같이 소개했다. "많은 한국인은 피랍자들이 아프가니스탄처럼 위험한 곳에서 종교 활동을 한 점에 대해 격한 감정을 드러내고 있다. 이러한 분노는 한국의 기독교인을 향하고 있다."

BBC는 "피랍자 구출에 적극적이지 않은 한국 여론이 피랍자 구출협상을 불리하게 만들 수 있다"며 "이는 한국 정부에도 매우 곤란한 문제"라고 분석했다. 답답한 마음에 해외 언론을 찾아봤다. 한국인을 납치하고 살해한 탈레반을 비난하는 기사가 대부분이었다. 그러나 국내 여론은 기독교에 대한 비난으로 가득 찼다. 심지어 일부 네티즌은 이슬람 세력에게 '그들의 정체가 선교대원이다'라는 이메일까지 보냈다.

시간이 지나도 아프간 피랍사태에 대한 비판적 뉴스와 악성 댓글은 끊이지 않았다. 아프간 봉사대원과 샘물교회, 기독교를 향한 더러운 욕설과 중상모략이 쏟아져 나왔다. 댓글을 읽으면서 견딜 수 없는 원통함이 느껴졌다. '아니 이렇게 수만 개의 악플로 하나님의 거룩한 이름과 교회의 권위가 무참하게 짓밟히는데 여기에 맞서는 댓글은 단 하나도 찾아볼 수 없다니. 기독교인이 이렇게 나약하단 말인가.'

그때부터 상스러운 욕설을 올린 아이디를 찾아내 '신고하기' 버튼을 누르기 시작했다. 아예 1시간을 빼서 신고만 했다. 그런데 며칠간 그 일을 하다 보니 흥미로운 사실을 발견했다. 특정 아이디 수백 개가 1시간에 3~5회씩 같은 내용의 악성 댓글을 반복적으로 남기는 것이었다. 그들은 분명 일반 네티즌이 아니었다. '아, 기독교를 타도하고 교회를 무너뜨리기 위해 인터넷 공간에서 전문적으로 활동하는 세력이 있구나!'

9월 에스더기도운동 금요철야에서 이런 상황을 설명했다.

"기독교인은 인터넷 세상에서도 빛과 소금의 역할을 해야 합니다. 인터넷에서 한국교회가 무참히 짓밟히는데 인터넷 활동을 열심히 하는 기독 청년들은 하나같이 침묵하고 있습니다. 이게 어찌된 일입니까. 하나님을 사랑한다고 눈물 흘리며 찬양하던 청년들은 도대체 어디에 갔습니까. 하나님의 이름이 이렇게 인터넷상에서 모욕당하고 더럽힘을 당할 때 여러분은 어디에 숨어 있는 것입니까."

그날 금요철야기도회 때 청년들을 강하게 질책했다. 그리고 하나님과 교회를 대적하는 세력에 맞서 1주일에 3시간 이상 인터넷 사역에 헌신할 지원자들을 찾았다. 137명이 헌신했다. 이것이 '밝은인터넷세상만들기운동'의 출발점이 됐다.

훗날 북한 통일전선부에서 근무하다가 탈북한 장모씨로부터 이런 말을 들었다. "통일전선부는 남한에 침투시킨 공작원들을 총지휘하는 곳입니다. 통일전선부는 인터넷에서 반기독교적인 활동을 하며 여론몰이를 하고 있어요. 남한을 공산화하는 데 가장 큰 방해 세력으로 기독교를 지목하고 있기 때문입니다. 기독교 교세를 10분의 1로 줄이는 게 그들의 목표입니다. 남한 주민 30만명의 주민등록번호를 입수해 남한 사람들의 이름으로 북한과 중국 등지에서 인터넷 여론몰이를 하고 있어요."

반기독교 여론의 영향으로 많은 젊은이들이 기독교에 대해 막연한 반감을 갖고 있다. 심지어 교회를 다니던 청년들조차 그런 영향을 받아 교회를 떠나고 있다.

에스더기도운동 회원들이 2007년 서울 온누리교회 기쁨홀에서 금요철야기도회를 갖고 국가와 민족을 위해 기도하고 있다.

2007년 시작된 영적전쟁, 차별금지법 반대

'반대 언급하면 징역' 법안에 망연,
법무부선 "교인들만 반대" 답변뿐

2015년 6월 28일은 한국교회가 역사상 최초로 동성애 반대 주일로 지킨 날이다. 이날 오후 2시30분부터 서울 중구 덕수궁 대한문 앞에서 '동성애조장 중단촉구 한국교회교단 연합예배·국민대회'가 열렸다. 서울광장에서 열린 동성애자들의 축제인 퀴어문화축제와 카퍼레이드를 막기 위한 연합집회였다. 성도들은 동성애 축제가 끝날 때까지 6시간 동안 꼼짝 않고 자리를 지켰다. 참석자들은 축제가 끝나고 동성애자들이 서울광장을 모두 떠날 때까지 기도를 멈추지 않았다. 영적전투가 다 끝날 때까지 초소를 지키는 충성된 군사들의 모습 같았다. 이 땅의 거룩함과 자라나는 청소년들을 지키기 위해 두 손을 들고 간절히 기도하는 성도들의 모습을 보며 이 민족을 지켜온 한국교회의 생명력이 느껴졌다. 갈수록 더 확대되고 치열해지는 동성애 관련 영적전쟁은 2007년부터 시작됐다.

"이 교수님, 이것 좀 읽어보세요."

그해 10월 중순 한 장로님이 신문 기사를 잘라서 내게 주었다. 기사는 21가지 항목에 대한 차별금지법안이 입법예고 됐으며, 그 가운데는 동성애 차별을 금지하는 조항도 포함돼 있다는 것이었다. 법무부는 이미 법안을 입법예고 했으며 법적 절차에 따라 3주 동안 의견을 받고 있었다.

차별금지법안이 통과되면 동성애에 대해 부정적 말을 하거나 교회 강단에서 동성애를 죄라고 말할 경우 최고 2년 이하의 징역, 1,000만원 이하의 벌금이 부과될 수 있었다. 실제로 캐나다 호주 영국 등의 국가에선 동성애에 대해 죄라고 말했다가 처벌된 사례가 많이 있었다. 마음이 한없이 무거웠다. '주님, 무엇을 어디서부터 어떻게 시작해야 합니까. 주님!'

'최선을 다해 법안 통과를 막아야 한다'는 위로부터 오는 막중한 부담을 피할 수 없었다. 며칠 뒤, 법안의 문제점을 제기하는 데 함께할 만한 교회 담임 목회자들을 이른 아침부터 방문했다. "법안이 통과되면 안 되겠군요. 기도하겠습니다." 모두들 법안 통과를 반대했다. 그러나 실제로 법안을 온몸으로 막을 사람들은 찾을 수 없었다.

오후에 대학 연구실로 돌아와 법무부에 전화를 걸었다. 법무부 장관실로 전화했지만 연결되지 않았다. 인권국장에게 전화했다. "차별금지법안은 이미 관계부처들과 협조가 된 상황입니다." 그는 오히려 나를 설득하려고 하였다. 치밀어 오르는 의분을 억누르며 차분한 어조로 말했다. "가정과 사회를 붕괴시키는 동성애법을 법무부가 앞장서서 입법화 한다면 법무부 인권국은 국민들의 지탄을 면할 수 없을 것입니다. 저는 교육자의 양심으로 이 일을 절대 묵과할 수 없습니다. 최선을 다해 반대할 것입니다."

그 다음에 법무부 인권정책과 서기관에게 전화했다. "동성애를 옹호하는 차별금지법안을 반대합니다." 당시 서기관의 답변이 참 가관이었다. "당신도 교회 다닙니까? 교회 다니는 교인들만 반대합디다. 지난 3주 동안 동성애 조항에 대한 반대 의견은 100개 정도에 불과합니다. 이 정도 수준이면 차별금지법안은 통과된다고 봐야죠."

하나님을 조롱하고 저주하는 골리앗을 향해 물맷돌을 들고 뛰쳐나간 다윗의 이야기처럼 하나님이 주시는 견딜 수 없는 의분이 온몸을 휘감았다.

"만약 법무부에서 차별금지법안을 통과시킨다면
가만히 있지 않겠습니다.
지금부터 국민들에게 이 사실을 알리고
차별금지법안 저지를 위해
범국민적 반대운동을 전개할 것입니다."

2011년 3월 헌법재판소에서 군대 내 동성애를 금지한 군형법의 합헌 결정이 내려졌다는 소식을 듣고 환호하는 필자

빛과 소금이 된다는 것은…

'동반국' 조직해 과천청사 등에서 시위
19일 만에 정부서 상정 않기로 결정

2007년 10월 한국에서 최초로 동성애를 옹호하는 차별금지법안이 입법 예고됐다. 동성애가 합법화된 나라들을 보니 목회자가 구금되는 사례가 있었다. 특히 교회에서 게이나 레즈비언 커플의 결혼식장 사용을 거절했다가 벌금형을 받는 경우도 있었다. 동성애가 합법화된 나라마다 교회 몰락 현상이 확연히 드러났다. '동성애를 옹호하는 차별금지법안이 한국교회를 무너뜨릴 게 뻔하다.'

앞이 막막했다. 의견수렴 마감일을 사흘 앞둔 10월 19일 금요일이었다. 이날 에스더기도운동 금요철야기도회에서 그간의 상황을 설명했다. 모든 참석자들이 전심으로 부르짖으며 주님의 긍휼을 구했다.

"주여, 교회와 성도들이 시대의 소금과 빛이 되지 못한 죄악을 용서하소서. 성도들이 음란문화를 물리치는 성결의 빛이 되어 한국사회가 소돔과 고모라같이 성적으로 타락하지 않게 하옵소서!"

기도회 후 차별금지법안 반대를 위한 구체적인 계획을 세웠다. 교회마다 동성애 옹호 법안의 폐해를 알렸다. 21일 주일 오후부터 법무부 인권정책과에 차별금지법안을 반대하는 팩스와 이메일이 쇄도하기 시작했다. 의견 수렴 마감일인 22일에는 빗발치는 항의전화 때문에 인권정책과 전화가 계속 불통이었다. 담당자들은 출장 등을 이유로 자리를 피했다.

말로만 해서는 안 될 것 같았다. 본격적인 피켓 시위에 돌입했다. 범국민적인 동성애법 반대운동을 전개하기 위해 동성애입법반대국민연합(동반국)을 출범시켰다. 동반국은 22일부터 경기도 정부과천청사 앞에서 1인 릴레이 시위를 시작했다.

'며느리가 남자라니, 동성애가 웬말이냐.'
'나라 망치는 ○○○ 법무부 장관,
○○○ 인권국장 물러가라.'
'가정이 무너지고 사회가 파괴되는
동성애 허용법안 절대 반대.'
'에이즈 창궐하는 동성애법안 철폐,
남성 동성애자는 일반인에 비해
에이즈 감염 확률 183배 이상.'

며칠 후, 출장 가서 통화가 안 된다던 담당자로부터 연락이 왔다. "교수님, 피켓 시위 때 법무부 장관 이름은 제발 좀 빼주십시오." 나는 "공인으로서 창피한 일이라면 하지 않으면 됩니다. 동성애 조항이 삭제될 때까지 장관 이름은 지울 수 없습니다" 라고 대답했다.

법무부 관계자에 따르면 동성애 차별금지법안은 당시 정부의 실세 부처라 할 수 있는 국가인권위원회 요청에 의해 추진됐다고 한다. 국가인권위가 계속 동성애 차별금지법안을 삭제하지 못하도록 압력을 넣고 있다는 것이다. 피켓 시위는 국가인권위 앞에서도 시작됐다.

'북한인권 외면하고, 동성애 지지하는 국가인권위는 각성하라.'
'동성애 조장하는 참여정부, 선거에서 안 찍는다!'

이런 상황에서 민주노동당 성소수자위원회가 방송토론, 기자회견, 피켓시위, 궐기대회 등으로 동성애법안 지지에 나섰다. 민주노동당 권영길 대선 후보는 언론을 통해 자신은 동성애법안을 지지하며 수구꼴통 기독교가 이 법안을 반대하고 있다고 공공연히 말했다. 통탄스러웠다. '과연 권영길씨가 수구꼴통 불교, 수구꼴통 천주교라고 했다면 이 사회에서 활동할 수 있었을까.'

이 때부터 우리들의 피켓 시위는 국가인권위원회와 민노당 당사 앞에서도 시작되었다. 다음달 1일 법무부에서 연락이 왔다. "동성애 조항을 삭제하기로 했으니 더 이상 반대 시위를 하지 말아주십시오."

그러나 실상은 법무부에서 동성애 차별금지 조항을 삭제하고 싶어도 국가인권위가 끈질기게 반대해 전전긍긍할 뿐이었다. 동성애 차별금지법안 거부운동은 줄기차게 이어졌다. 5일 마침내 법무부에서 동성애 차별금지법안을 상정하지 않겠다는 결정을 내렸다. 이로써 19일에 걸친 영적 전쟁에서 첫 승리를 얻었다. 이 모든 것이 전적인 주님의 은혜였다.

동성애입법반대국민연합 회원들이 2007년 10월 경기도 정부과천청사 앞에서 동성애를 옹호하는 차별금지법안 반대시위를 벌이고 있다.

광우병 사태 중,
광장에서 드린 6번의 철야기도회

허황된 정보로 기독교까지 공격 당해…
고령의 김준곤 목사도 나서서 담대히 증언

에스더기도운동은 2007년 12월 19일 대통령 선거를 앞두고 40일 특별철야기도를 시작했다. 6,000여명의 기도자들은 서울 금란교회에서 대통령 선출과 복음통일을 위해 간절히 기도했다.

2008년 4월 MBC PD수첩이 광우병 문제를 보도했다. 그때부터 광우병 사태가 전국을 뒤흔들기 시작했다. 시위는 갈수록 격렬해졌다. 광우병을 넘어서서 정권퇴진과 기독교에 대한 공격으로 이어졌다. 밤이 되면 서울시청 앞 서울광장과 광화문 일대는 무법천지가 됐다. 무대 위에선 욕설이 난무했다.

'예수, 너도 광우병 걸려봐라.

지금 우리가 광우병 때문에 몸살을 앓고 있다'

'기독교 개독교'

'이명박 장로를 안수해 준 목사들, 손모가지를 칼로 잘라라.'

게다가 인터넷에는 '미국 소를 먹으면 뇌에 구멍이 난다'는 등 허황된 이야기가 난무했다. 인터넷 조사기관에 따르면 4~6월 다음(DAUM) 아고라 게시판의 글 가운데서 상위 10개 아이디가 2만2천여 건을 쓴 것으로 밝혀졌다. 1%의 아이디가 쓴 글이 전체 32%를 차지했다.

당시 한 사람이 9개의 아이디를 쓸 수 있었다. 이런 상황이라면 0.1%의 사람이 쓴 글이 전체 글의 30%를 차지할 수 있다. 결국 극소수의 사람들에 의해 인터넷 선전·선동이 일어난 것이었다. 내용은 대부분 반국가적이고 반기독교적인 것이었다. 당시 나는 경원대 무역학과 교수였다. 수출입 전문가 사이에선 광우병이 미국 소가 아닌 유럽 소와 관련된 병이라는 게 정설이었다. 한번은 외국에서 미국 소에 대해 잘 아는 분이 이런 질문을 던졌다. "한국 사람들은 왜 치사하게 미국 소를 갖고 난리를 칩니까. 한국 사람들의 지식수준이 그것밖에 안 됩니까." 국제적으로도 부끄러운 일이었다. 잘못된 지식으로 국민을 선동하는 사람도, 이것을 정치적으로 이용하는 사람도 문제였다. 사실을 국민들에게 바르게 이해시키고 대처하지 못하는 정부와 공권력도 문제였다.

광우병 사태가 극렬해지면서 골방에서만 기도해서는 안 된다는 생각이 들었다. 6회에 걸쳐 광화문광장과 서울광장에 나가 시위대 한가운데서 광장철야기도회를 드렸다. 마지막 광장기도회는 6월 25일 국가기도회였다. 한국CCC 설립자이며 에스더기도운동 초대 고문인 김준곤 목사님을 모시기로 했다. 그러나

6월 말이 되도록 광우병 시위의 열기가 가라앉지 않았다. 김 목사님 측근으로부터 전화가 왔다. "이 교수님, 서울광장 6·25국가기도회를 취소해 주십시오. 잘못하면 김 목사님이 테러를 당할 수 있습니다." 며칠 후 다시 연락이 왔다. "김 목사님이 꼭 나가시겠다고 합니다. 김 목사님의 신변안전을 위해서라도 6·25국가기도회를 취소해 주십시오." 그러나 이렇게 중요한 국가 위기 상황에서 기도회를 취소할 수는 없었다.

85세 고령의 김 목사님께서 시위대 군중에 둘러싸인 채 무대에 등단하셨다. "저희 아버지는 6·25전쟁 때 제가 보는 앞에서 공산당에 맞아 돌아가셨습니다. 저의 아내도 주일학교에서 성경을 가르쳤다는 이유로 처참하게 맞아 죽었습니다. 공산당은 몽둥이와 돌로 저를 때린 뒤 죽었는지 확인하기 위해 제 머리와 심장을 칼로 찔렀습니다. 그리고 죽은 개처럼 저를 끌고 다녔습니다. 그런데 기적 중에 기적이 일어났습니다. 하나님이 저를 살려주셨습니다."

김 목사님의 말씀이 이어졌다. "광우병의 진실은 무엇입니까. 국가 걱정을 하면서 밤 11시에 시위 현장에 두 번 나왔습니다.

10대 소녀들이 밤늦게까지 시위를 하고 있길래 물어봤습니다. '왜 이렇게 시위를 해?' '모르세요? 우린 다 죽어요. 94%가 다 죽는다고 했어요. 이명박 대통령이 미국을 좋아해서 미국에서 들여온 소 때문에 우리가 다 죽어요.' 주변에는 증오가 꽉 차 있는 구호가 가득했습니다."

광우병 시위가 최고조에 달한 2007년 6월 10일 에스더기도운동이 서울시청광장에서 구국기도회를 열고 있다. 밤에는 '대한민국을 위한 철야기도회'를 새벽 3시까지 개최했다.

어머니 묘소에 올린 꽃과
군형법 92조 합헌 뉴스

차별금지법 재추진·軍 형법 헌소에
시민단체들과 기도·반대 광고로 대항

2008년 서울시청광장에 열린 6·25국가기도회에서 김준곤 목사님은 한국이 국가안보와 도덕적·영적 위기에 직면해 있다고 우려했다. "성도들은 골방에만 있지 말고 거리로 나와 기도해야 합니다. 인터넷 광장에선 사이버 군대를 만들어 대응해야 합니다."

김 목사님의 예견은 정확했다. 2010년 3월 20일 SBS가 동성애 미화 드라마인 '인생은 아름다워'를 방영했다. 휴화산처럼 꺼져 있던 영적 전쟁이 다시 시작됐다. 주말 가족드라마임에도 남자배우 둘이 서로 끌어안는가 하면 동성 간 성행위를 연상시키는 장면까지 내보냈다. 방송사 게시판에 항의 글을 올렸지만 삭제됐다.

게다가 법무부는 차별금지법 특별분과위원회를 출범하고 3년 만에 다시 차별금지법 입안을 검토한다고 발표했다. 동성애 옹호자들은 군대 내 동성애를 처벌하는 군형법이 위헌이라며 헌법재판소에 헌법소원까지 냈다. 한마디로 군대 내 동성애를 허용해 달라는 요구였다. 동성애자들은 헌재에 수많은 탄원서를 보내고 기자회견과 함께 온라인 서명도 받았다.

'소수자 인권'을 앞세운 동성애 차별금지법안이 통과될 상황이었다. 다시 뜻있는 사람들을 모아 동성애법안 저지를 위한 싸움에 돌입했다. 참교육어머니전국모임, 나라사랑학부모회, 바른교육을위한교수연합, 바른성문화를위한국민연합 등 시민단체와 힘을 합했다.

이 일은 기도와 금식 없이는 불가능했다. 많은 기도 헌신자들이 에스더기도운동 센터에서 매일 밤 11시부터 새벽 3시까지 이 민족이 거룩하게 세워지도록 동성애 입법을 막기 위한 철야기도를 간절히 드렸다. 국내 주요 일간지에 11차례 동성애를 반대하는 성명광고를 냈다. 돈이 있어서 광고를 냈던 적은 한 번도 없었다. 재정이 없더라도 신문을 통해 국민에게 알려야 한다면 신문사에 전화했다. "가능한 가장 빠른 날 성명 광고를 내주십시오. 광고비는 신용카드로 결제하겠습니다." 그런데 카드 결제일 직전까지 놀랍게도 여러 손길을 통해 광고비가 꼭 채워졌다. 전적으로 하나님께서 공급해 주신 것이었다.

영적 전쟁에서 가장 큰 힘이 된 분은 어머니 손춘자 권사님이었다. 어머니는 온유하셨지만 영적 전쟁에선 절대 물러서지 않으셨다. 자녀들이 그리스도 예수의 좋은 군사로 살아가도록 늘 격려하고 축복하셨다. 어머니는 하나님 나라를 위해서 필요하다면 가진 것을 남김없이 바치는 분이었다. 나는 어머니가 교회 건축 때 '옥합'을 여러 번 깨는 것도 보았다.

한 번은 에스더기도운동 철야기도회에서 이런 일이 있었다. 에스더기도운동은 자비량 선교단체이기 때문에 스태프들이 자원봉사자로 일한다. 그날 재정이 바닥났다는 보고가 들어왔다. 재정을 위해 기도하는데 하나님께서 이런 감동을 주셨다. "어린아이가 오병이어를 내놓은 것처럼 재정을 위해서 기도하는 너희들이 먼저 헌금하라." 참석자들과 이런 감동을 나눴다. "우리 오늘 헌금합시다. 재정을 위해서 기도하는 우리가 먼저 오병이어를 드리십시다."

어머니도 그 자리에 계셨다. 기도회 후 회계 간사로부터 연락이 왔다. "교수님, 어머님께서 직불카드를 헌금함에 넣으셨습니다." 그 카드는 자녀들이 보낸 생활비를 어머니가 아껴 쓰고 남은 것을 모아두던 통장 카드였다. 어머니는 늘 막내아들인 내가 결혼할 때 쓰시겠다며 돈을 모으고 계셨다. 그런데 그걸 모두 헌금하신 것이었다. 다음날 회계 간사로부터 어떻게 처리해야 할지 다시 문의전화가 왔다. "어머니께서 하나님께 전액을 드린 겁니다."

2010년 9월 27일 동성애 합법화를 막기 위한 영적 전쟁이 치열하게 전개될 때였다. 월요국가기도모임에 참석하기 위해 저녁 식사를 하시던 어머니가 갑자기 의식을 잃으셨다. 어머니는 그날 하나님의 부르심을 받았다. 장례 기간에도 조문하러 온 많은 사람들에게 동성애 입법 저지를 위한 자료와 기도제목을 나눴다.

2011년 3월 31일 헌법재판소에서 '군 동성애 허용 불가' 결정이 났다. 치열했던 영적 전쟁의 순간들이 주마등처럼 지나갔다. 숱한 기도자들의 기도와 눈물, 피켓시위, 기자회견, 힘을 다해 드린 헌금 등 모든 것을 주님께서 열납하셨다는 생각이 들었다. 흘러내리는 눈물을 주체할 수 없었다. '너무 기쁘고 감사하면 이렇게 하염없이 눈물이 나는가보다.'

헌재 결정 다음 날 어머니의 묘소를 찾아 꽃과 헌재 결정을 보도한 신문기사를 올려놨다.

"어머니께서 생명을 드려 이 땅의 거룩을 위해 간구하셨던 그 기도를 하나님께서 이렇게 응답해 주셨어요. 믿음의 여정을 마치고 하늘나라에서 주님과 어머니를 다시 만날 때까지, 이 땅의 거룩과 하나님 나라를 위해 최선의 경주를 할 수 있도록 기도해 주세요. 사랑합니다."

2010년 11월 헌법재판소 앞 기자회견에서 발언하는 필자. 군대 내 동성애자를 처벌하는 군형법 92조는 반드시 존치돼야 함을 강조했다.

미션라이프

한국기독교총연합회 동성애문제대책위원회, 바른성문화를위한국민연합 등 교계 및 시민단체 회원들이 31일 서울 재동 헌법재판소 앞에서 동성애 반대 입장을 밝히고 있다.
신웅수 대학생기자

동성애 군인 처벌하는 '군형법 92조' 합헌

교계 "섭리대로 당연한 결정" 환영

한국기독교총연합회 동성애문제대책위원회, 에스더기도운동, 한국교회언론회, 바른성문화를위한국민연합 등 교계 및 시민단체들은 31일 헌법재판소의 '군형법' 합헌 결정과 관련 당연한 결정이라 했다.

"한국교회가 성교육을 통해

하나님을 향한 생각으로 채워야 한다"고 말했다.

한국교회언론회(대표 김승동 목사)도 논평을 통해 "군대는 주로 동성으로 이루어진 특수한 집단"이라며 "군 내 동성애를 허락하게 되면 이루어진 조직에

'교회와 국가 무너뜨리는 나꼼수'

교회 모독한 언행 소책자 만들고 항의…
민주통합당·김용민 후보 총선서 참패

2011년 중반부터 '나는 꼼수다'(나꼼수)라는 팟캐스트가 젊은 이들 사이에서 열풍이 불었다. 정치·사회 이슈를 다루며 욕설과 저속한 말들이 난무했다. 특히 찬송가를 저급한 용어로 개사했으며, 욕설과 비아냥으로 하나님과 교회를 조롱했다. 이런 방송을 수백만명의 젊은이들이 즐겨 듣는다니 어처구니없었다.

김용민 음담패설을 일삼는 목사 아들 돼지 김용민입니다.

김어준 맨날 '×까! ×까!' 그러는데 강연은 목사님들 앞에서 해.

김용민 목사님들이 너무 좋아하시더라고. 목사님들 제가 성대모사 하겠습니다. '×까!' 이러면 아주 그냥 뒤집어져. 목사님들이!

김어준 이 천박한 새끼! 으하하!

(2012년 2월 10일 나꼼수)

김용민씨는 2011년 미국 방문 인터뷰에서 한국교회를 범죄 집단으로 표현했다. "오늘날 한국교회는 일종의 범죄 집단과 다르지 않다고 생각한다… 한국교회는 척결의 대상일 뿐 애증이라는 표현을 쓰기는 아깝다고 본다."

'아니, 나꼼수 때문에 하나님의 이름과 교회가 이렇게 모욕을 당하고 짓밟히는데, 주님을 자신의 생명보다 더 사랑한다고 눈물 흘리며 찬송하던 수많은 성도들은 도대체 어디에 있는가. 자신의 생명보다 하나님의 명예를 더 소중히 여기며 적장 골리앗을 향해 물맷돌을 들고 뛰어나갔던 소년 다윗이 한국교회엔 없단 말인가.'

성읍은 정직한 자의 축복으로 인하여 진흥하고 악한 자의 입으로 말미암아 무너지느니라(잠 11:11)라는 말씀이 떠올랐다. 게다가 김용민씨는 민주통합당 후보로 19대 총선에 출마한 상황이었다. 더 이상 방치했다가는 나라와 교회를 무너뜨리겠다는 생각이 들었다. 그동안 교회와 국가를 모독한 언행을 찾아내 '교회와 국가 무너뜨리는 나꼼수'라는 소책자를 만들었다.

2012년 4월 5일 의식 있는 시민들이 김 후보 선거사무소 앞에 모였다. "김 후보의 막말은 하나님과 교회, 목회자들에 대한 모독이자 국가와 공권력과 사회질서를 짓밟는 패륜적인 것입니다. 자신이 한 말에 책임을 지고 사퇴하십시오!" 한국교회를 일깨우는 글도 발표했다. "악한 자의 입을 대적하지 않으면 성경 말씀처럼 악한 자의 입으로 말미암아 한국교회와 조국이 함께 무너지게 될 것입니다!"

그 후 교계와 다수의 시민단체들이 기자회견을 열고 김씨의 사퇴를 촉구했다. 김씨의 지지도는 급속하게 추락했다. 결국 그는 낙선했고 민주당은 선거에서 참패했다. 언론에선 참패의 가장 큰 이유로 나꼼수의 막말 파동을 꼽았다. 압살롬이 자신의 아름다운 머리를 자랑했다가 그 머리카락이 나무에 걸려 전쟁터에서 비극적 최후를 맞은 것처럼 나꼼수의 인기를 이용하려던 민주당은 선거에서 쓰라린 실패를 맛봤다.

2012년 4월 성도들이 서울 공릉동 선거사무소 앞에서 김용민 민주통합당 서울 노원갑 후보의 사퇴를 촉구하고 있다.

그리스도 예수의 좋은 병사,
지져스아미(JESUS ARMY)

2013년 차별금지법 의원 발의 막으니
서울시에서 동성애 시민인권헌장 추진

법적으로 동성애를 옹호·조장하려는 시도는 끊이지 않았다. 2007년과 2010년에 이어 2013년에도 국회의원 66명이 차별금지법안을 발의했다. 국회의원들은 '차별금지'라는 그럴듯한 용어를 썼지만 그 안에는 교회를 무너뜨리려는 치명적인 '흉기'가 들어 있었다. 교회에서 동성애를 죄나 비윤리적이라고 말하면 2년 이하의 징역, 1,000만원 이하의 벌금을 부과할 수 있기 때문이다. 처벌 후에도 계속 동성애를 죄라고 말하면 5배의 징벌적 손해배상은 물론 국가인권위원회가 3,000만원의 이행강제금까지 부과할 수 있는 악법이었다.

국회의원 66명 사무실 앞에서 피켓시위를 한다는 것은 불가능했다. 그래서 주요 일간지에 전면 성명서를 내고 국회의원 명단과 지역구를 공개했다. 그러자 국회의원 사무실로 항의 우편과 이메일, 팩스가 쏟아졌다. 차별금지법안과 관련해 국회 홈페이지에 올라온 10만6천 건의 의견 중 99% 이상이 반대 의견이었다. 결국 대표발의를 했던 김한길, 최원식 의원 등은 발의를 철회했다.

2014년 더욱 심각한 문제가 서울시에서 벌어졌다. 박원순 서울시장이 '인권도시'를 표방하며 성적지향·성별정체성으로 차별받지 않을 권리가 있다는 서울시민인권헌장 제정을 추진한 것이다. 한마디로 서울판 차별금지법안이었다. 계획에 따르면 150명의 시민위원과 30명의 전문위원을 위촉한 후 토론회, 간담회, 공청회 등을 거쳐 서울시민인권헌장 최종합의를 한다는 것이었다. 급하게 기도자들에게 이같은 사실을 알렸다. 그리고 이 땅의 거룩과 동성애 합법화 반대를 위해 10월 말부터 서울시민인권헌장이 폐기될 때까지 '50일 특별 연합철야기도'를 시작했다.

많은 기도자들과 동성애를 반대하는 시민들은 권역별 토론회와 공청회에 참석해 문제점을 지적하며 막아섰다. 서울시 홈페이지에는 서울시민인권헌장 내 성소수자 차별 금지 조항을 반대하는 글이 하루에 수백 건씩 올라왔다. 서울시로 항의 전화가 끊이지 않았다. 그러나 이런 노력에도 불구하고 서울시민인권헌장 전문위원들이 대부분 동성애 지지자들로 임명됐기 때문에 제정 절차가 일방적으로 진행됐다. 이에 맞서 서울시민인권헌장의 실상을 알리는 신문광고를 내고 3차례에 걸쳐 서울시민인권헌장 폐기 촉구 국민대회를 개최했다. 전국에서 모인 수천

명의 기도자들은 서울시청 앞에서 이 땅의 거룩과 동성애 합법화 반대를 위해 주님께 간절히 기도했다. 많은 기도자들이 특별 철야기도와 항의전화, 게시판 글쓰기, 피켓시위, 신문광고 게재, 기자회견, 국민대회 등에 동참했다. 12월 10일 세계인권의 날에 맞춰 발표 예정이었던 서울시민인권헌장은 결국 폐기됐다.

이제 동성애와의 영적 싸움은 국가를 넘어 세계적 차원이 됐다. 몇몇 단체만으로 저지할 수 없는 상황이다. 동성애를 막아서는 거룩한 대한민국을 위해 연합할 때다. 한국교회와 대한민국은 서구에서 몰려오는 동성애의 물결을 막아서는 '방파제'가 되고 전 세계를 진리 가운데로 인도하는 '열방의 빛'이 돼야 할 중대한 시점에 있다. 이를 위해 이 민족을 위한 강력한 예수군대, 성령 충만한 군대인 지저스 아미(Jesus army)를 일으켜야 한다. 죄를 이기고, 하나님을 거역하는 세상을 이기며, 마귀를 이기는 '예수군대'는 강도 높은 말씀·영성 훈련과 철야·금식기도를 통해 세워질 것이다.

너는 그리스도 예수의 좋은 병사로

나와 함께 고난을 받으라

병사로 복무하는 자는

자기 생활에 얽매이는 자가 하나도 없나니

이는 병사로 모집한 자를 기쁘게 하려 함이라.

(딤후 2:3~4)

동성애를 반대하는 성도와 시민들이 2014년 10월 서울 광화문에서 국민대회를 열고 박원순 서울시장이 추진한 서울시민인권헌장의 폐기를 강력히 촉구하고 있다.

내 손을
가르쳐

싸우게
하시며

시 144:1

초판 발행	2022년 4월 26일
지은이	이용희
펴낸곳	도서출판 복의근원
등록번호	제 2012-000057호
주소	(07230) 서울시 영등포구 버드나루로 14가길 5
도서문의	02-6953-6467
e-mail	blessingboook@gmail.com
디자인	취미생업
인쇄	송현문화
ISBN	978-89-97912-46-9 03230

이 책의 저작권은 저자와 출판사가 소유합니다.
저작권자의 허락 없이 이 책의 일부 또는 전체를
무단 복제, 전재, 발췌하면 저작권법에 저촉됩니다.